目 录
CONTENTS | 人 性 的 弱 点

人性的弱点 增订全译版

[美] 戴尔·卡耐基◎著
鲍荣 笨苹果◎译

CNS 湖南文艺出版社 HUNAN LITERATURE AND ART PUBLISHING HOUSE 博集天卷 CS-BOOKY

图书在版编目（CIP）数据

人性的弱点：增订全译版 /（美）卡耐基
（Carnegie, D.）著；鲍荣，笨苹果译. —长沙：湖南文艺出版社，2016.4
书名原文：How to win friends and influence people
ISBN 978-7-5404-7496-6

Ⅰ.①人… Ⅱ.①卡… ②鲍… ③笨… Ⅲ.①心理交
往－通俗读物 Ⅳ.①C912.1-49

中国版本图书馆CIP数据核字（2016）第047461号

RENXING DE RUODIAN: ZENGDING QUANYIBAN

人性的弱点：增订全译版

著　　者：［美］戴尔·卡耐基
译　　者：鲍　荣　笨苹果
出 版 人：刘清华
责任编辑：薛　健　刘诗哲
监　　制：毛闽峰　李　娜
特约编辑：张宇宏
封面设计：仙境设计
内文排版：北京八度出版服务机构
出版发行：湖南文艺出版社
（长沙市雨花区东二环一段508号　邮编：410014）
网　　址：www.hnwy.net
印　　刷：北京京都六环印刷厂
经　　销：新华书店
开　　本：880mm × 1270mm　1/32
字　　数：180 千字
印　　张：9
版　　次：2016年4月第1版
印　　次：2018年6月第5次印刷
书　　号：ISBN 978-7-5404-7496-6
定　　价：29.80 元

质量监督电话：010-59096394
团购电话：010-59320018

作者序

要成功，更要成长

20世纪的前35年，美国出版界共印刷了20多万种书，大部分烦透人，很多都赔钱。我为什么说“很多”？一个全球知名的出版公司的总裁向我坦承：他们印的书中，7/8都赔钱，虽然公司已经有75年的出版经验了。

那么你会问：为什么你还有勇气再写一本新书呢？就算你写了，我凭什么花时间去读呢？问得好，两个问题问得真对。我试着回答一下。从1912年开始，我就在纽约办培训班，针对企业主和职业人。一开始只有口才课，目的是通过实战练习，训练成年人在演讲和商业洽谈中的反应速度，使他们能更清晰、有效、镇定地表达自己的思想。但几个季度后，我慢慢发现，这些成年人固然需要说话方面的练习，但他们更迫切的需要，是学习在日常交往和工作中与人相处的技巧。

我渐渐意识到，我自己也很需要这种训练。我也有很多年缺乏技巧，没有整体把握能力，回想起来，我感到很害怕。我多么希望20年前就有这样一本书放在我手里啊！它的价值是无法估量的。

如何和人打交道，想必是你面对的最大问题，从商的人尤其如此。是的。但即使你是个家庭主妇、建筑师或工程师，不怎么需要和人接触，它仍然是你面临的一大问题。

几年前，我们卡耐基教育促进基金会资助了一个研究项目，发现了一个非常重要、很有意义的事实，卡耐基理工学院做的后续研究，则证实了它。研究发现，一个人经济上的成就只有15%靠专业的技术知识，85%则来自人际工程，也就是人格和领导能力，即使对技术工种（比如工程师）来说也是如此。我在费城工程师俱乐部开课，在美国电气工程学院纽约分校开班，一年办四次，多年里共有1500多个工程师结业。他们来这里进修，乃是因为多年的经历和观察终于让他们感受到，即使在工程师这个行业，拿最多钱的人也往往不是最懂工程学的人。花很少的钱就能购买专业的技术服务，比如工程、会计、建筑或其他专业方面的，而既有专业知识又能表达思想、有领导能力、能唤起人们的热情的人，其收入必然最高。

“与人打交道的能力是一种商品，”约翰·D. 洛克菲勒在如日中天时说，“就像糖和咖啡一样，是需要购买的。”约翰·D. 还说：“为了买到这种能力，我愿意花大价钱，高于天底下任何其他商品。”

难道你不认为，这片土地上的所有大学，都应该开设课程，发展这种世界上最值钱的能力吗？[1]但假如美国真有哪所大学针对生理上已经成熟的人，开设了这门必要的、实操性强的课，那就只有一个解释：截至写下这句话时，我还没注意到。

芝加哥大学和基督教青年会联合学校进行过一次调查，研究成年人到底想要在什么方面成长。研究耗费2.5万美元，历时2年，最后一步是选择康涅狄格州的梅立顿作为美国城市的样本，对它进行调查。梅立顿市的所有成年人都接受了采访，要回答156个问题，比如：“你的职业或所在行业是什么？”“学历？”“没事的时候喜欢做

[1] 后来这个预言实现了，卡耐基是美国成人教育（也就是继续教育）之父。

什么？”“月收入？”“爱好？”“你对未来的打算？”“你面临的问题？”“你最想学什么课程？”诸如此类。调查显示，成年人最关注的是健康，第二感兴趣的是人——如何读懂别人、与人相处，如何让大家喜欢自己，如何让别人不再偏执，同意自己的观点。

研究委员会决定为梅立顿的成年人开一门这样的课。他们四处寻找相关教材，但没找到一本可以用的。最后，他们去找一个继续教育方面的世界级权威，问他是否可以推荐一本书，让人完成学业之外的成长。“不知道，”他回答说，“我知道成年人需要什么，但没人写过这种书。”经验之谈，他说得没错。我自己也找了好几年，却找不到一本实用的、有效的人际关系手册。从来没有过这种书，所以我才费力写了一本，做我的课程教材。就是这本书。希望你能喜欢。为了给本书准备资料，我阅读了所能找到的一切相关材料，从报纸专栏、杂志文章到民事法庭记录，从经典哲学到新生的心理学家们[1]的文字。我还雇了一个专业研究员花了一年半的时间在各个图书馆阅读我漏下的所有资料，梳理心理学专著，钻研成百上千的杂志文章，研究数不清的传记，试图弄清各个时代的伟大人物是如何与人打交道的。我们读了他们的传记，读了所有伟人的生平故事，从裘里斯·恺撒到托马斯·爱迪生。我记得，西奥多·罗斯福一个人的传记，我们就读了一百多种。我们下定决心，不惜任何时间、金钱的代价，一定能够找到赢得人气和影响力的一切实用技巧，只要自古以来有人用过。

而我个人采访了近百名成功人士，尽量找出他们使用的人际关系技术。其中一些人闻名世界，发明家中有马可尼和爱迪生，政治领袖中

[1] 心理学作为一门科学，是在1879年从哲学中分离出来的。

有富兰克林 · D. 罗斯福和詹姆斯 · 法雷，商业领袖包括欧文 · D. 杨格，电影明星包括克拉克 · 盖博和玛丽 · 璧克馥，还有马丁 · 琼生等探险家。

从所有这些资料中，我提炼出了一篇很短的课件，我叫它《如何赢得朋友和影响他人》[1]。我说“短”，一开始的确很短，但很快就扩展成了一个需要1.5小时的课。我每个季度都讲给在纽约卡耐基学院上课的成年人们听，讲了好多年了。

在课堂上，我敦促听众走出课堂，在交往和工作中检验，然后再回来报告他们的故事和取得的结果。多么有趣的作业！这些男女学员，急于提升自我，很喜欢这种理念。这是个试验班，这是在进行另一种学习，这是有史以来第一个和唯一一个为了使人继续成长而开设的人际关系试验班。说这是一本书，但它并没有“书”这个字所传达的那种“不容改动”，它的成长就像一个孩子的成长，它从数千成年人的经验中总结而来，在试验班里生长发育。很多年前，我们把一套法则印在比明信片还小的卡片上；第二个季度，卡片大了一圈；然后它变成了一本活页小册子；后来则变成了装订版的书。每一次，尺寸和内容都在扩大、充实。15年的实践和研究，沉淀成了这本书。

我们这里写下的规则，不是理论，更不是一拍脑门儿就想出来的理论，因为效果是惊人的。听起来好像不可信？但我却目睹了无数人应用这些原则，给自己的生活带来了彻底的革命。举个例子，一次有一个企业主上了一课，他们公司有314个员工。他向来动不动就驱使、批评、斥责员工，毫无顾虑，和善、欣赏、鼓励的话和他的嘴唇绝缘。学完这本书里讨论的原则后，他的人生观突然变了，企业里新生了忠

---

[1] 本书原名*How to Win Friends and Influence People*，直译过来就是这句。

诚、激情和合作精神，原来的314个敌人变成了314个朋友。他在课堂上骄傲地说："换作从前，我走在公司里，人们都躲开我，同事看到我走近就会把脸转过去。但现在他们都是我的朋友了，甚至看门的大叔都只叫我的名，不带姓！"他现在有了更多的利和更多的闲，更重要的是，他的工作和家庭都新生了比从前多得多的快乐。

无数销售员应用了这些原则，业绩骤然提升，攻克了很多过去根本没戏的客户。管理层获得了更高的权限，还增加了收入。上个季度有个行政人员报告说，应用原则后工资大涨。他是费城煤气公司的高管，65岁，好斗，因为领导力和技术不足有降职的危险。这项培训不仅保住了他的职位，还给他升了职，加了薪。结业聚餐中，学员的配偶们无数次对我说，自从其丈夫或妻子参加了训练，家庭幸福度大大提升。很多人对自己取得的新成果感到震惊，一切都像魔法一样。还有人太激动了，有时候会在一周结束时给我家打电话，因为他们无法忍受等待48小时再在常规开课时报告自己的收获。

有一次，讨论完这些原则后，一个学生感到很纠结，坐在教室里和别人讨论到了深夜。凌晨三点，别人都回家了，而他震惊地意识到了过去的盲目，看到一片多姿多彩的天地正在向他展开。他惊得无法入睡，不光整晚没睡，第二天也没睡，甚至第二晚。这个人是谁？一个没上过什么学所以天真得碰到任何新理论都随时准备吞下去的人？不，才不是呢，他是个艺术品商人，久经世故、懂得世故，是市里的名流，能流利地说三国外语，有两所欧洲大学的文凭。

写这一篇时，我收到了一封信，来自一个德国老贵族，数代祖先都是职业军官，为霍亨索伦王室效忠。他坐在一艘横跨大西洋的汽船上，记下了对这些原则的应用，其中高涨的热忱不啻对宗教的信仰。

还有一个老纽约人，哈佛毕业生，很有钱，开了一家大地毯厂。

他说在这个为期14周的培训中学到的影响力技术，比他在大学四年里学到的总和还多。荒唐？可笑？神奇？你当然有权随便用个词打发掉他的话。我没有说自己的观点，我只是在复述，复述一个极其成功的老哈佛人在1933年2月23日星期四下午面对纽约耶鲁俱乐部近百人做演讲时的公开表述。

哈佛大学著名教授威廉·詹姆斯[1]说："与我们所能成就的事情相比，我们只算半醒着，我们只利用了身心资源的一小部分。说白了，每个人的生活都被限制住了，他还有很多能量，被习惯性地弃用了。"你"习惯性地弃用"的那些能量啊！这本书唯一的目的，就是帮助你发现、发展那些休眠待用的资源，并从中获益。

"学习的要义，"普林斯顿大学前校长约翰·G. 西本说，"在于处理生活环境的能力。"如果读完本书前三节，你还没有获得一些技术，没能全面提升对生活的掌控，那就别读了。因为它真的完全没用，至少对你来讲。因为赫伯特·斯宾塞说："教育的伟大终点不是知识，而是应当落实在行为上。"

这是一本用来实操的书。

戴尔·卡耐基

[1] 美国心理学会前主席。詹姆斯家族可以说是"一门三杰"，就像曹操、曹植、曹丕家一样，但跟曹家不同的是，这家人并不从事一个行业。老亨利·詹姆斯以宗教影响力著称，大儿子威廉·詹姆斯是著名心理学家兼哲学家，二儿子小亨利·詹姆斯则是名载史册的大文豪。

第一篇

基本技巧

01 待人接物的第一大忌

那天是1931年的5月7日，纽约历史上最轰动的抓捕行动迎来了高潮。经过几个星期的围追堵截，杀人狂魔“双枪”克罗雷（这个枪手既不抽烟也不喝酒）[1]被困在西头大街他的情人家里。他藏在顶层，150个警察和探员发起进攻。他们在屋顶凿了洞，放了催泪瓦斯，想把“警察克星”熏出来。机关枪架在四周的建筑上，嗒嗒嗒地喷射，手枪砰砰地开火，声音在纽约这片高级住宅区回响了一个多小时。克罗雷蹲藏在一张堆满杂物的椅子后面，不断向警方回击。一万群众激动地目睹了这场战斗。纽约街头从来没见过这种事情。制伏克罗雷后，警察局长E. P. 穆尔鲁尼宣称，这个持双枪的亡命暴徒是纽约史上最危险的一大罪犯。他说：“克罗雷会因为鸡毛蒜皮的小事大开杀戒。”

---

[1] 为什么有这么句话呢？你想啊，一般的杀人犯或者强盗头子之类的，是不是该叼着大雪茄，还爱喝大酒啊？这个“双枪”克罗雷不是那样的，他既不抽烟也不喝酒。

但“双枪”克罗雷是怎么看自己的呢？在警方扫射公寓时，他给“相关人员”写了封公开信，鲜血从伤口流出来，在纸上留下了一道红色的痕迹。克罗雷在信里说：“在我的衣服下面，跳动着的是一颗疲惫的心，但它是善良的，这是一颗不愿意伤害任何人的心。”

不久前，克罗雷在长岛郊外的一条公路边上和他女朋友亲热。突然一个警察走近他们的车，说：“让我看看你的驾照。”克罗雷二话不说拔出手枪连开数枪，干掉了警察。受了致命伤的警察摔倒后，克罗雷跳出汽车，捡起警察的枪又朝地上的尸体放了一枪。这就是说“在我的衣服下面，跳动着的是一颗疲惫的心，但它是善良的，这是一颗不愿意伤害任何人的心”的杀人狂。

克罗雷被判电刑。走进新新监狱的行刑室后，他会说“我因为杀人所以罪有应得”吗？不，他说的是：“我因为没能保护好自己所以罪有应得。”

这个故事的重点是，克罗雷的双枪之下死了那么多人，但他觉得自己一点儿错都没有。罪犯的这种态度属于个例吗？如果你那么想，就再听听这个：“我把一生中最美好的岁月奉献给了人民，使他们轻松愉悦，帮助他们快乐生活，但我得到的只是耻辱，我只能作为一个通缉犯活着。”说话的是阿尔·卡彭[1]，就

[1] 黑帮教父，他亲手杀掉过一百多人，躲过一百多次伏击。

是他，美国的头号公敌，一个恶贯满盈的黑帮头子，曾经血洗芝加哥。但他认为自己是一个有益于人民的人，一个没有受到赞许反而被人误会的人。达奇·舒尔茨在纽瓦克的帮派混战中被打成筛子之前，也说过这种话。他是纽约最臭名昭著的恶棍，但在接受媒体采访时说自己是一个有益于人民的人，而且说得发自肺腑。

我和关押著名恶棍的新新监狱的老狱长刘易斯·劳斯有过几次有趣的书信往来，讨论这个问题。他说：“在新新监狱，很少有罪犯认为自己是坏人。他们和你我一样都有人性，所以会解释，会把自己的行为合理化。他们会告诉你自己撬开保险箱，或者迅速扣下扳机，那都是有原因的。大部分罪犯会尝试通过某种形式的推导，不管是逻辑严密还是漏洞百出，向别人和自己解释自己的反社会行为，于是坚定地说：自己根本不该被关起来。”阿尔·卡彭、“双枪”克罗雷、达奇·舒尔茨这些狱墙里面的亡命之徒，觉得自己一点儿错都没有，那么，你我天天遇到的墙外之人的做法呢？

约翰·沃纳梅克用自己的名字命名了他创建的连锁超市，他曾经坦承：“30年前我就懂得责备别人是愚蠢的，我没空抱怨上帝没把智商分配均匀这件事，我克服自己的缺点已经感到很吃力了。”沃纳梅克很早就学会了这一课，但我自己却犯了30年的错才开始领悟到，人们99%的情况下不会因为任何事情批评自己，无论错到什么程度。[1]于是，我进入了新的天地。

批评不会产生任何结果，因为它使对方的防御模式大开，竭力为自己辩护。批评也是危险的，它会伤害人的自尊和自我价值感，让人怀恨在心。

享誉世界的心理学家B. F. 斯金纳[2]通过自己的实验证明，改变动物的习惯时，通过奖励形成好行为会很容易，习惯也保持得更久；而通过惩罚消除坏行为时，消退速度却慢得多。后续研究证明，人也这样。批评不会带来持久的改变，还常会引起憎恨。另一个大心理学家汉斯·谢耶[3]说："我们多么渴望赞美，就多么害怕指责。"批评产生的恨意不仅会打击同事、家庭、朋友的士气，而且越指责，就会把问题搞得越棘手。

乔治·B. 约翰斯顿，俄克拉何马州伊尼德市人，他是一个建筑队的安全协管员，责任之一是保证同事们在工地上作业时戴着钢盔。他报告说：每当他看到工人不戴钢盔，他就会告诉他们一大堆官方规章，告诉他们要服从规定。结果人们会沉着脸接受，但他刚一走，工人就又把帽子摘了。他决定换一种方式。再次看

---

[1] 人偶尔会自责，不过当有别人批评时，这份自责立刻就会变成自卫。
[2] 新行为主义心理学创始人。
[3] 匈牙利人，同时是一个内分泌学家。

到几个工人没戴钢盔时，他就问是否帽子不舒服或大小不合适，然后用愉悦的声调提醒他们，帽子的设计能最大限度地保护他们免遭伤害，并建议他们在工地上要一直戴着。结果是更高的服从度，也没有对规章的憎恨和情绪的波动。

翻开历史，你能发现批评的无效性横扫一千页。以西奥多·罗斯福[1]和塔夫脱总统之间的著名骂战为例，这次争吵分裂了共和党，把伍德罗·威尔逊放进白宫去宣布参加第一次世界大战（以下简称“一战”），从而改变了整个历史的流动。[2]让我们快速浏览一下史实。西奥多·罗斯福1908年去非洲狩猎狮子之前，支持塔夫脱入主白宫，塔夫脱当选了。但他回来后大发雷霆，指

---

[1] 美国史上有两个罗斯福总统，老的叫西奥多·罗斯福，小的叫富兰克林·罗斯福。这里说的是老罗。小罗经历了“二战”，老罗对应“一战”；小罗和蒋介石合过影，老罗在任时大约对应光绪年间；小罗最大的特点是腿瘸、连任四届，老罗斯福最大的特点是大舌头、得人心。老罗退出共和党时，有一大半的人跟他走了。

[2] 1901年麦金莱总统被刺身亡，老罗斯福补位登上总统宝座，1904年连任。他政治倾向偏左，支持“一战”中的英法联盟，认为他们在捍卫人类的文明，主张武力打击德国，报复其潜艇袭击。1908年，罗斯福误以为国防部长塔夫脱是自己进步主义思想的衣钵传人，推举他做总统候选人，自己就去非洲打狮子了。但塔夫脱比较胆小，主张保持中立。

回到美国后，老罗很愤怒，决定取代塔夫脱，自己参加1912年的总统大选，但塔夫脱不干。于是老罗斯福呼吁自己的支持者离开会场，另起炉灶，成立进步党，绰号“公鹿党”，因为罗斯福喜欢打猎。但当年的总统大选中，罗斯福的支持率为27%，塔夫脱23%，都没有超过民主党的威尔逊的42%。

责塔夫脱的保守，所以想取代塔夫脱第三次参加竞选[1]。后来他组织了公鹿党，结果几乎摧毁了共和党。那次选举中的威廉·霍华德·塔夫脱和他的共和党，只赢得了佛蒙特和犹他两个州，造成了共和党史上最大的惨败。

罗斯福责备塔夫脱，但塔夫脱总统骂自己了没？当然没有。塔夫脱满含着泪水说："我不知道怎么做才算更好。"该怪谁，罗斯福还是塔夫脱？坦白说，我不知道，也不在乎。我只是要指出一点，那就是，罗斯福所有的批评并没有使塔夫脱觉得自己哪里不对，只是让塔夫脱更卖力地为自己辩护，眼含热泪一遍遍地说："我不知道怎么做才算更好。"

再说说茶壶顶油田丑闻。整个国家都震惊了。20年代初，舆论一直怒骂了好几年。在任何活人的记忆里，美国政治活动中从未发生过这种事。丑闻的梗概是：哈丁总统[2]内阁的内政部长阿尔伯特·B. 福尔，被派去出租埃尔克山和茶壶顶地区的国有储备油田——原定留给海军专用的两块油田。福尔部长举行公开竞标了吗？没有，先生，他直接把这份肥美多汁的合约给了他的朋友

[1] 关于美国总统不得连任三届的问题，实际上当时并没有法律规定。国父华盛顿功成身退，只任了两届。所以两届只是个先例，而不是规定。当然，除了上面提到的小罗任过四届，也真的没有哪个总统任过三届。

[2] 哈丁私生活失检，两性丑闻迭出。哈丁死后，哈丁的夫人拒绝验尸。后来有人说他是被老婆下药毒死的，就因为恨他太风流。

爱德华·L. 多希尼。多希尼又干了什么？他想说自己“借”给了福尔部长10万美金。然后福尔部长命令美国海军进驻该地，用铁腕手段驱赶附近的小油田主，因为他们的油井正在吮吸埃尔克山储备油田的油。那些竞争者被手枪和刺刀赶出自己的土地，赶进法庭揭开茶壶顶的盖子。恶臭骤起，摧毁了整个哈丁政府，惹怒了全国媒体，共和党几乎垮台，福尔也被判入狱。

福尔被骂得体无完肤，在政府活动中，有几个人被这样骂过？他忏悔了吗？根本没有！几年后赫伯特·胡佛在一场演说中暗示：哈丁总统死于精神焦虑和抑郁，因为有个朋友背叛了他。福尔太太一听这话，立刻从椅子上跳起来，她满含热泪、紧握拳头，尖叫：“什么？哈丁被福尔出卖？不，我丈夫从未辜负过谁。即使把这间屋子堆满黄金，也不会诱使我丈夫做坏事。是别人背叛了他，他才走向刑场[1]，成了替罪羔羊。”

你明白，是人性在起作用，做错事的人会责备任何人，但绝不责备自己。我们所有人都这样。所以当你我哪天禁不住要批评谁时，就想想阿尔·卡彭、“双枪”克罗雷和阿尔伯特·福尔吧。让我们明白：发出批评就像放出鸽子，它们会飞回家来。我们需要明白：我们打算去纠正或指责的人，会抗辩，并反过来挑我们

[1] 指耶稣被犹大出卖，走向刑场。

的刺儿，或者就像温文尔雅的塔夫脱说的："我不知道怎么做才算更好。"

1865年4月15日清晨，亚伯拉罕·林肯躺在一个简陋公寓的走廊尽头的小卧室里，即将死亡，就在福特剧场对面，约翰·威尔克斯·布思刺杀他的地方。林肯的身体斜躺在一张矮床上，比起他瘦长的身体，床显得太短了。靠床的墙壁上，挂着一副罗莎·博纳尔的名画《马市》的廉价复制品，一盏昏暗的汽灯摇曳着淡淡的光。林肯躺在那里，即将死去，陆军部长斯坦顿说："躺在那里的，是有史以来世界上最完美的元首。"

林肯待人接物的成功秘诀是什么？我曾花费10年左右的时间研究林肯的一生，又在3年里全力撰写并修改一本叫《林肯逸事》[1]的书。我相信我详尽研究林肯的人格和家庭生活，已经全力以赴。我专门研究了林肯待人接物的方式。林肯是否放肆地批评过人？是的，他小时候在印第安纳州的鸽溪谷时，不但批评人，而且还写信、作诗揶揄人，并把信扔在大路上，保证别人能捡到。其中一封点燃了憎恨的怒火，一生难消。在伊利诺伊州的春田镇挂牌做律师后，他在报纸上发表公开信攻击对手，但这一次玩大了。1842年秋天，为了讥讽一个自负好斗的爱尔兰政客詹

[1] *Lincoln the Unknown*，一般译作《林肯传》。

姆斯·西尔滋，他在《春田日报》上匿名发表了一封信骂他，全镇哄然大笑。敏感自负的西尔滋义愤填膺，怒不可遏。他查出作者，跳上马去找林肯，要和他决一死战。林肯不想打架，反对决斗，但为了荣誉只能硬着头皮迎战。他可以选择武器，林肯两条手臂特别长，所以选了骑兵长剑，然后去跟一个西点军校的毕业生学习击剑。到了那天，他和西尔滋在密西西比河的河滩上碰了头，准备既决高下又决生死，再差一分钟，两边的人就来不及阻止了。这是林肯一生中最恐怖的个人事件了，但它却教会了林肯一堂极其宝贵的待人接物课。他永远不再写骂人的信讽刺别人了，从那时候起，他几乎从不为任何事情批评任何人了。

内战期间，林肯多次更换北军的将领，麦克莱伦、蒲柏、伯恩赛德、虎克、弥德，一个个都遭惨败，林肯绝望地在屋子里来回踱步[1]。半数国民疯狂地咒骂这些无能的大将，但林肯“不针对任何人，热爱所有人”，保持平和。他最喜欢说的一句话是“不要论断他人，就像你不希望被人论断一样”。林肯夫人和其他人刻薄地论断南方人时，林肯回答：“不要骂人，时势造人，换成我们也会那么做的。”但要说谁有资格骂人，那只有林肯了。我们看一个例子。

[1] 最后打败南方联军的是格兰特将军。

1863年7月的头三天发生了葛底斯堡战役。7月4日晚，南方的李将军开始向南撤退，而暴风雨把这里变成了一片汪洋。连日降雨，河面陡涨，李将军带着败军退到波托麦克时无法过河。前面无路可走，后有北军追击，李将军被困住了，他跑不了了。林肯知道，这是个天赐良机，可以立即俘虏全部南军，并立即结束战争。林肯满怀着高涨的希望，命令弥德立即进攻，不必召开军事会议。林肯发出电令后，还派了特使去前线要求立即执行。但弥德将军做了什么？他完全抗命。他犹豫了，他延宕了，还电复各种理由，实际上是直接拒绝进攻李将军。最后河水退了，李将军率军逃过了波托麦克河。

林肯大怒，对自己的儿子罗伯特大吼："弥德这是什么意思？伟大的上帝，这是什么意思？我们已经胜券在握，一伸手就能生擒他，但不管我说什么做什么，军队都不动弹。在那种情况下，任何将领都能打败李将军。如果我在，自己也能生擒他。"

在悲痛中，林肯坐下给弥德写信。请记住：林肯在生命的这段时间里，是极其保守、措辞极其拘谨的，林肯在1863年亲笔[1]写的这封信算是最严厉的谴责了。

---

[1] 如果有秘书的话，可以口述，让秘书写，然后自己再签个字就行了。这封信，林肯没让秘书代劳。

我亲爱的将军：

我相信你并不清楚李的逃脱会带来多大的不幸。他本来唾手可擒，最近我们连连获胜，抓住他战争就结束了。但现在，战事将无限期延长。如果上周一你未能出击并一举歼敌，渡到河的南岸去，今后你又怎么能做到呢？你的兵力已经不足当时的2/3了。我并不指望现在的你还能有多大的作为，那种期待是不合理的。最佳战机已经贻误，这使我无限悲痛。

你猜弥德看到信后会有什么反应？弥德没有见到这封信，因为林肯没寄，它是在他身后的故纸堆里发现的。我猜（只是猜）林肯写完信后，可能望着窗外喃喃自语："等等，也许我不该这么着急。我坐在宁静的白宫里命令弥德进攻是很容易的，假如我身在葛底斯堡，目睹弥德整整一周所经历的鲜血，伤者的尖叫和死亡前的呼叫刺穿我的耳朵，也许我就不会急着进攻了。如果我像弥德一样惊慌，也许我会和他做得完全一样。无论如何，现在木已成舟。发出这封信，固然可以泄愤，但它会逼弥德奋起自卫。他会谴责我，心怀大恨，这会妨碍他发挥军事才能，甚至还可能逼他倒戈[1]。”就这样，如上所述，林肯把信收了起来，因为他从苦痛的经历中学会：尖锐的批评和指责几乎从来都是白费。

西奥多·罗斯福说他在任时，一遇到棘手的难题，就会在椅子上往后一靠，抬头望着办公桌上面挂着的大林肯像。他会自问：“如果换成是林肯，他会怎么解决？”

下次忍不住想批评人时，让我们从兜里掏出一张5美元的纸币来，看看上面的林肯像，问：“如果换成是林肯，他会怎么办？”

马克·吐温有时会发火，他那些信，使他的书稿变黄后都出版不了。比如一次，他写信给一个惹怒他的人：“你只需一张下葬许可证，你要再说一句我就保证你会得到它。”另一次他写

[1] 这里的“倒戈”没有根据原文的resign from the army来直译，直译的话是“辞去军职”。但“辞去军职”的意思和上文有冲突：前面说，林肯频繁换将，如果逼得弥德辞职，那正好可以换将了。所以此处改成了“倒戈”。而从字面上讲，译成“倒戈”也不算太偏离原文，因为resign有“脱离”的意思，而“脱离军队”（resign from the army），也可以理解成“脱离大部队”，也就是脱离北方阵营。所以此处译作了“倒戈”。

信给一个编辑，抗议校对企图“改进我的拼写和语法”[1]。他命令：“将来要严格按照我的文本来，确保校对把他的建议留在自己那摊烂泥一样的脑子里。”写这些带刺的信让马克·吐温感觉好多了，他可以从鼻孔呼出气来了。但这些信真没带来伤害，因为马克的夫人悄悄地拣了出来，所以从来没寄出去过。

你是否认识一个人，你想改变他、掰直他、改进他？好，很好。我完全支持，但为什么不先从自己开始呢？从纯自私的角度讲，改变自己比改进别人更有益得多。是的，而且危险要更少得多。“不要抱怨邻居屋顶的雪，”孔子说，“当你自家门前还不干净时。”[2]

---

[1] 口语中的拼写和语法，都不符合经院标准。比如麦当劳的宣传语“i' m lovin' it!”在拼写上，i要大写才对，lovin漏了一个字母；在语法上，love本身是一个持续动词（延续动词），所以不能用进行时。这就是不符合拼写，不符合语法。但是美国人每天都这么用。于是，在经院语法学家之外，在美国有一类语法学家认为：凡是人们在用的，就都是对的，不需要符合经院语法学家们制定的规范和标准。

马克·吐温开创了美国文学口语化的先河，他之前的美国作家遵循欧洲（或英国）传统，不使用口语写作，所以还不能算是真正的美国文学；而后来的美国文学几乎都是口语化的，即使写诗也是如此，甚至写学术论文也有口语倾向。口语化是美国文学和英国文学的区别之一。所以，有人说，美国文学的源头不是欧文，而是马克·吐温。他是头一个使用这种风格的人，而在他未成名时，自然会有很多编辑觉得那不够文雅，不是文学，不上档次，不够标准。但马克·吐温不是个卖文的匠人，而是个文学大师，他坚持自己的风格，奠定了美国文学的风格基础。

当然，当美国文化回流到欧洲，整个欧洲文学也开始起了微妙的变化，很多著名欧洲教授的学术论文也都是高中毕业生便能读懂的，比如《梦的解析》。

[2]“各人自扫门前雪，莫管他人瓦上霜”不是孔子说的。作者的意思大概是，这是“中国智慧”，而“中国智慧”以孔子指代。

我小时候总想方设法打动人，回了一封愚蠢的信给当红作家理查德·哈丁·戴维斯，他在美国文学界红极一时。当时我正在准备一篇关于作家的杂志文章，所以向戴维斯请教写作方法。数周前我刚收到另一个不入流作家的回信，其中有句话是“信系听读[1]，未经亲阅”，我感觉印象深刻。我觉得他必然是个很忙、很重要的大作家。我可一点儿都不忙，我只是渴望能让理查德·哈丁·戴维斯刮目相看，所以我在那篇短笺末尾写了几个字：“信系听读，未经亲阅。”

他不屑再回信，只是把信退给了我，下面划拉着一句话：“你的无礼只是比你的粗鲁更少。”当然，我错了，也许应当得到指责。但我也是人，我烦，恨他很深，10年后读到理查德·哈丁·戴维斯的死讯时，那个想法依然挥之不去（我羞于承认这一点）：他伤害了我。如果哪天你我想让别人怀恨在心，跨越几十年，甚至死亡也无法消除，那就让我们尽情地来一点儿刺人的批评吧，不管我们认为自己的批评多么中肯。

我们和人接触时应该记住，我们面对的不是理性动物。我们是在和情感动物打交道，他们充满执念并为自尊和虚荣所驱动。

---

[1] 古代有些贵族很博学，但自己不读书，不读不重要的信，而是请仆人为自己读，自己只听。

托马斯·哈代[1]是一个最细腻的小说家，他丰富了英语语言文学，而尖锐的批评使敏感的哈代彻底放下了执笔写小说的勇气。本杰明·富兰克林[2]小时候很笨拙，后来则成了外交家，曾担任美国驻法大使，待人接物如鱼得水。成功秘诀何在？“我不说任何人的不好……”他说，“我只说自己知道的每个人的优点！”

任何愚蠢的人都有能力批评、指责和抱怨，大部分愚蠢的人会付诸实践，而只有懂得自控的高尚人格才懂得理解和宽容。卡莱尔说：“一个伟人只能通过包容比他不伟大的人的方式才能体现自己的伟大。”

著名试飞员鲍勃·胡佛，常参加飞行表演，他刚参加完在圣地亚哥的一场表演，也许正赶往洛杉矶的家里。就像《飞行事宜》杂志所说的，在近百米的高空，主副引擎突然一起失灵，而通过灵巧的驾机技术，他安全落地了。飞机摔坏了，但人没事。胡佛迫降后第一个行动就是去检查油箱，正如所料，自己驾驶的这架二战螺旋桨飞机加的是喷气机燃料而不是汽油。回到机场，他要求见加油工。那个小伙子恼怒于自己犯的错，胡佛走近时，

[1] 在维多利亚时代，哈代最早开始描写性、恶等，但这不为那个时代的评论界所接受。

[2] 在美国建国以前，富兰克林就已经叱咤风云了，如日中天之时曾为驻伦敦的美洲代表；建国后则成了美国的驻法大使。

眼泪流下了他的面颊。他刚刚报废了一架天价飞机，甚至差点儿夺取了三条人命。你可以想象一下胡佛的怒火，想一下这个骄傲、一丝不苟的飞行员到底会为这样的粗心大意放出什么样的毒舌去狠骂。但他没有批评他，反而用自己强壮的胳膊抱住他的肩膀，说："为了表明我敢保证你不会再犯这种错，我要你明天为我的F-51加油。"

父母常忍不住批评孩子，你可能会觉得我会说"不要那么做"。我才不说，我要说的是："在批评之前，先读读美国媒体的经典名篇《爸爸忘了》。"下面所印的原是《人民家庭报》上的一则社评，经由作者授权，我们转载的是《读者文摘》上的精缩版。

《爸爸忘了》是一个让人瞬间溢满真挚情感的小短篇，它多年来被不断转载，深受好评，触动了无数读者的心弦，引起了共鸣。作者W. 利文斯顿·拉恩德写道：自初版以来，《爸爸忘了》"被全国的数百家杂志、内刊、报纸转载，甚至远播海外，被印成多国语言。我曾个人授权数千次给那些愿意读它的学校、教堂和讲坛。它无数次在重大场合和节目中变成无线电信号传向天空。但奇怪的是，大学期刊和中学杂志都会利用它，有时候会神秘地剪掉那么一小点儿。这里印的当然也是如此。"

爸爸忘了

——W. 利文斯顿 · 拉恩德

听着，儿子，当我说这些话时，你躺在床上睡着了。一只小爪儿蜷在小脸儿下面，黄头发打着卷儿贴在潮湿的额头上。我一个人悄悄地走进了你的房间。几分钟前，我坐在书房读报纸的时候，一阵阵悔恨袭来，让我喘不过气。我心怀内疚来到你的床边。

我正在想几件事，儿子，我对你太凶了。你穿校服的时候我责备你，因为你只用毛巾抹了一把脸。因为你没有擦鞋而强迫你擦。你把东西扔在地上时我生气地吼你。

早餐的时候我又挑了很多毛病。你浪费食物，你吃得太快，你把胳膊放在了桌子上，你在面包上涂的黄油太厚了。当你出门去玩耍时，我已经准备好如何训你。你转过身摇着小手对我说："爸爸，我走了！"我皱着眉回答说："把背挺直！"

然后下午后半晌，又来了一次。我走过小路的时候偷偷看你，你跪在地上玩石子，袜子上都是洞。我在你的小伙伴们面前羞辱了你，让你赶快回家，走在我前面。袜子多贵啊，要是你得去买就不会这么不小心了。想象一下，儿子，那竟然出自一个父亲之口！

你是否记得，后来，当我在书房读报时，你怯怯地走过来，眼里带着某种受伤神情？当我的目光扫过报纸，对打扰不耐烦时，你就没敢进门。我突然问：“你想要什么？”

你什么也没说，暴风雨一样跑过房间一头扎过来，用小胳膊搂紧我。你的爱，上帝命令其绽放在你心里，甚至我的忽视都没有使它凋萎。然后你走了，小脚丫嗒嗒地踩在台阶上。啊，儿子，那之后不久报纸就从我的手上滑落，强烈的罪恶感和恐惧感攫住了我。

习惯到底对我做了什么？我习惯找碴儿，骂人，那是我对待儿子的方式。并不是我不爱你，而是我希望从你的小身体里榨出更多的东西来。我用我的年龄尺子来度量你。你的性格里有太多善良、美好和纯真。你的小心灵就像笼罩群山的黎明一样博大。你本能地冲动，冲进来吻安，就说明了这点。

今晚没有别的什么事，儿子。我摸黑来到你的床前，跪在这里，感到羞愧。这种补偿是无力的，我知道，如果你醒着就不会懂我跟你说的这些话。但是明天我会做一个真正的爸爸：你微笑所以我开心，你难过所以我难过，你笑出声来我也开怀大笑。当不耐烦的话来了，我就咬舌头。我会一直把这句话当成仪式一样讲下去：“他只是个孩子，一个小男孩。”

恐怕我一直把你当男人看了。而现在我眼里的你，儿子，疲惫地蜷缩在被子里的你，仍然是一个婴儿。昨天你还抱在你妈妈的怀里，枕着她的肩膀。我要求的太多了，太多了。

让我们理解他人，而不是指责对方。让我们努力弄清他们为什么那么做，这比批评更加有益和诱人得多。它产生体谅、包容和温柔。"理解了一切，就能原谅一切。"琼生博士说，"先生，上帝本人并不打算在末日之前审判罪人！"所以，你我有什么权力那样做呢?

原则一

不要批评、指责或抱怨任何人。

02 这种说话方式非常值钱

天底下只有一个方法可以指挥别人做事。你有没有花时间想过？是的，只有一个方法，这个方法就是让人乐意去做。记住，没有别的办法——当然，你可以用枪顶着他的肋骨，他也会把手表给你。你可以吓唬下属要开除他，逼他执行，在你尚未转身之前。你也可以拿着鞭子吓唬一个儿童执行命令。但这些笨方法都有副作用，以及你极其不喜欢的反作用。

换作我，我只有一个方法让你照我说的去做，那就是满足你的某种需要。你需要什么呢？

西格蒙得·弗洛伊德说："你我做任何事都源于两个动机：性冲动和对伟大的渴望。"美国最著名的哲学家约翰·杜威[1]的措辞略有不同，杜威博士说：人性中最深的冲动是，"渴望感觉

[1] 美国实用主义哲学的集大成者。

自己很重要”。记住这个措辞：“渴望感觉自己很重要”。这很重要。你将会在这本书里多次听说它。

你想要什么？不多，但你真想要的那几样，你会孜孜以求，不容拒绝。大部分人想要的几样包括[1]：

第一，活着，健康地活着。

第二，食物。

第三，睡眠。

第四，金钱及金钱能买到的东西。

第五，来世的生命。

第六，性的满足。

第七，后代的幸福。

第八，自我价值感。

几乎所有的需要一般都能满足，除了一个，只有这一个渴望，一个和食欲、睡眠欲一样深切的渴望，常常没被满足。弗洛伊德称其为“对伟大的渴望”，也就是杜威所谓的“渴望感觉自己很重要”。

林肯有封信以此开头：“人人都喜欢称赞。”威廉·詹姆斯说：“人性最深的原则，就是对尊重的渴望。”他没说“希望”“愿望”

[1] 卡耐基借鉴了人本主义心理学家马斯洛的五层次理论。

甚至“渴望”，而是说“渴求”被欣赏。这是人类永恒的煎熬和饥渴，只有少数人真正懂得去满足这种心底的饥渴。他们把别人捏在手里，但“当他死去，对方将感到悲伤”。

对“我很重要”这种感觉的渴望，是人和动物最明显的区别之一。比如，我还是密苏里州的一个农家孩子时，我父亲养了一种泽西－杜洛克贵族大红猪和一种良种白脸牛，我们去整个中西部地区的乡间集市和家畜展览会参展，获得了几十次头奖。我父亲把赢来的蓝丝带一一别在一条白纱布上。当有朋友来我家，父亲就拿出这一长条白布，我拿着这头，他拿着那头，展示那一道道蓝丝带。猪并不在乎自己赢得的蓝丝带，但爸爸在乎，这些奖品让他有了一种“我很重要”的感觉。假如我们的祖先没有对价值感的热烈渴望，文明将不复存在，我们就和动物相差无几了。

正是对自我价值感的渴望，让一个没上过学的小卖部穷帮工，研读了在搬家大甩卖中的木桶底找到的、花五毛钱买来的法律书。也许你听说过这个小卖部杂工，他的名字叫林肯。正是对价值感的渴望，激发了狄更斯完成他不朽的小说，使克里斯多夫·雷恩爵士[1]完成了他用石头做的交响乐[2]，并使洛克菲勒散

[1] 查理二世的朋友，数学家和英国国教教徒。
[2] 指圣保罗教堂。

了一辈子都没散完的钱。也正是这种渴望，使你们市里最富有的人家盖了远超所需的大房子。

这种渴望使你想穿最新的款式，开最时髦的车，聊你机灵的孩子。同样是这种渴望，诱使很多男孩女孩拉帮结伙投身犯罪活动。纽约警察局前局长E. P. 穆尔鲁尼说：少年犯充满了自我，被捕后第一个要求，一般是看那些把他们写成英雄的变态报纸。只要自己和体育人物、影视巨星、政治家的照片同占一席，他们就会自鸣得意，而要坐几年牢好像根本就不是个事儿。

如果你告诉我你怎么得到价值感，我就能判断出你是一个什么样的人。它决定你整个人，它是你最重要的部分。比如，约翰·D. 洛克菲勒斥资在中国北平建造了一家现代医院[1]，照料数以百万计的穷人，而这些人他从没见过，也永远不会认识。他以此获得价值感。而迪林杰[2]以抢人、抢银行、杀人获得价值感。FBI特工追捕他时，他闯进明尼苏达的一家农舍，大叫："我是迪林杰！"他为自己作为头号公敌的事实感到自豪。他说："我

[1] 就是现在的北京协和医院。协和医院在当时的亚洲排第一，所有设备都按照当时美国国内最高级别设置，人员也主要都是西方专家。

[2] 约翰·迪林杰，美国黑帮中的枭雄，曾杀死过警察却无法定罪，抢劫过无数银行甚至警察局，并多次越狱，美国联邦调查局（FBI）多次围捕未遂，称其为"头号公敌"（Public Enemy No.1）。当时的人们很尊敬他，认为他是条好汉。他被击毙后，成为一代传奇。日本动漫《海贼王》中有一个恶霸鱼人的名字就取自他。

不会伤害你们，但我是迪林杰！”是的，迪林杰和洛克菲勒的最大差别，就在于他们获得价值感的方式不同。

历史名人找价值感的笨拙趣事俯拾皆是，甚至乔治·华盛顿也不能免俗，喜欢别人叫他“美利坚合众国大总统”；哥伦布请求赐予“海洋大将兼印度总督”的头衔[1]；凯瑟琳大帝拒绝拆阅任何没有称她为“女皇陛下”的信；林肯夫人在白宫像头母老虎似的向格兰特[2]夫人大吼：“我又没请你，你怎么敢坐在我旁边！”美国的百万富翁们资助了伯德将军1928年的南极探险，条件是冰川可以用他们的名字命名；而维克多·雨果几乎希望把巴黎以他的名字重新命名。

为了赢得安慰和关注，也就是感觉自己很重要，人们有时候会变成病人。比如麦金莱[3]夫人强求她的丈夫放下美利坚合众国总统的国家大事，要他靠在自己床边，抱着自己哄自己睡觉，一哄几个小时，她以此感觉自己有多重要。她坚持在她看牙医的时

---

[1] 哥伦布受西班牙王室资助去寻找印度，后来发现了一块土地，误以为那里就是印度，但实际上那是美洲，所以美洲的印第安人（Indian）和印度人（Indian）现在仍然是一个词。哥伦布自己不掌管任何官方水兵，只有自己的船员，还请皇室赐予他“海军大将”的空衔；印度是一个从来没被他发现的地方，但他还请皇室赐予他“印度总督”的空衔。

[2] 格兰特在美国内战后期被林肯任命为北军总司令，屡建奇功，正是他最终打败了南军的李将军。

[3] 威廉·麦金莱，美国第25任总统。

候，要有他陪同，以满足寻求关注的热望。有一次麦金莱因为和国务卿约翰·海有约，就把她一个人留在了牙医那儿，结果她大发雷霆。

作家玛丽·罗伯茨·莱因哈特有一次告诉我，一个聪明能干的少妇为了感觉自己很重要而变成了病人。莱因哈特夫人说："有一天，这个女人被迫直面现实，也许是大龄未婚，且没什么希望结束漫漫的寂寞岁月。她开始生病了。十年里，她的老母亲每天端着碟盘上下三楼侍候她。一天，老母亲忙得太累就倒地去世了。病人悲伤了数周，然后起床、穿衣，病好了。"

权威人士称，在残酷的现实世界无法找到价值感的人，为了在疯狂的梦幻国度得到补偿，就真的会精神错乱。在美国，患精神病的病人要比患其他病的总和还多。是什么导致了精神障碍？没人能笼统地回答这个问题。而我们知道，梅毒等病毒会损害和摧毁脑细胞，导致精神障碍；约有半数精神病可以归因于脑损伤、酒精、中毒、脑挫伤等物理原因；但是，另外一半故事（令人恐怖的另一面）是，另一半发狂的人显然没有脑细胞方面的器质性病变，尸检中用最高性能的显微镜研究，可以发现其脑细胞组织显然和你我一样健康。

为什么他们会发疯？我最近向我们最大的精神病院的主治医师提出了这个问题，他深谙精神病理学，得到过最高的荣誉和常人无法企及的奖项。他坦白告诉我说：他也不知道人们为什么会精神错乱。但他的确说了：许多人患病后，能在疯狂中找到真实世界中无法得到的价值感。他还跟我说了一个故事。

我现在有个病人，她的婚姻是个悲剧。她想要爱情、性满足、孩子和家庭地位[1]，但生活吹灭了她所有的希望。丈夫不爱她，甚至不允许她和自己同桌吃饭，还强迫她在楼上房间伺候他吃饭。她没有孩子，在家里没有立足之地。她疯了，但在她的想象中，她休了丈夫，恢复了少女时的姓名[2]。她现在相信自己嫁给了英国贵族，并坚持要求被称为史密斯夫人。

至于孩子，她现在幻想自己每天都生一胎。每次我去看她，她都说："医生，我昨天夜里又生了一个。"

生活曾毁灭她所有的小梦想，那些小船触礁，沉没，碎裂。但在疯狂的梦幻岛里，阳光灿烂，一艘艘三桅大船竞相入港，帆鼓风唱，桅杆簌簌作响。

悲剧？啊，我不知道。她的生理医生对我说："就算我

[1] 原文是social prestige（社会声望/社会影响力），但译者将这个"社会"理解成了"小社会"，也就是家庭；将"声望/影响力"理解成了"地位"。这符合卡耐基那个年代的情况，女人的社会影响力，就是其在家庭中的地位，而不是现在的女强人的那种社会影响力。

[2] 女人出嫁后要改成夫姓，离婚后恢复父姓。

动动小手指就能治好她，我也不会做。她现在这样要开心得多。”

既然有人对“我很重要”的感觉如饥似渴，饥渴到真的进入疯狂状态只为了得到它，那么，试想在人们进入疯癫之前而给他真诚的欣赏，那你我会得到什么样的结果，又会产生什么样的奇迹呢？

美国有史以来第一批年薪百万的人中（那时候还没有个人所得税，而一个人周薪50美元就算中产了），查尔斯·施瓦布算一个。安德鲁·卡耐基[1]在1921年创建美国钢铁公司时，任命他做第一任总经理，那时他才38岁（施瓦布后来离开了美国钢铁，接管陷于泥潭的伯利恒钢铁公司，并把它重塑成了美国最赚钱的公司之一）。安德鲁·卡耐基凭什么给他开一百万的年薪，也就是一天3000多美元？为什么呢？因为他的才华？不。因为施瓦布在钢铁制造方面胜人一筹？绝不是。施瓦布跟我说过，在他手下做事的人，比他更懂钢铁制造的不计其数。施瓦布说，拿这个薪水主要应该归功于他和人打交道的能力。我就问他怎么做到的。他亲口传授了秘诀。这些话应该刻在铜牌上，永远悬挂在全国所有的家庭和学校，甚至超市和办公室里。这些话应当让孩子们记

[1] 安德鲁·卡耐基和戴尔·卡耐基，都姓卡耐基，但不是一个家族的。

住，而不把时间浪费在记忆拉丁动词的变式[1]或巴西的年降雨量上。一旦实践出来，这些话就能彻底改变你我的生活。

施瓦布说："我认为，激发大伙儿的热情的能力，是我拥有的最大的资源，我激活每个人的潜能的方式，就是欣赏和鼓励。

"世界上最能消灭一个人的斗志的，就是上司的讥讽。我从不批评任何人，我相信人需要激励才能工作。我总是急于称赞，迟于挑刺儿。当我喜欢一点，就会给予真诚的嘉许，我对赞扬从不吝啬。"

施瓦布是这样做的，那一般人是怎么做呢？正好相反。当他们不高兴时，就对同事放声咆哮；而真的喜欢时，则没什么话说。那句老话说得好："永远是，一，做错就骂，二，做对也不夸。"

施瓦布还说："我生活圈很广，结交世界各地的无数权贵，我从未发现一个人，在批评气氛中比在赞赏之情下更能全力以赴、成就伟大，不管他地位多高、权力多大。"

他还坦承，那就是安德鲁·卡耐基的现象级成功的主要原因之一。安德鲁·卡耐基会公开赞赏同事，在私下里也会称赞同人，甚至在墓碑上他还在赞赏他的助手们。他给自己写的碑文如下：

---

[1] 用英语举个例子来说明啥是变式，has，had就是have的变式。

“这里躺着的这个人，曾经懂得如何把比自己聪明的人聚在自己身边。”

真诚的赞赏，是第一代约翰·D. 洛克菲勒和人打交道的成功秘诀之一。比如有一次，他的一个合伙人爱德华·T. 贝德福德在南美投错了资，公司亏了一百多万，约翰·D. 没骂一句，他知道贝德福德全力以赴了，而且事情都过去了。所以洛克菲勒找到了一个可以称赞的点，他恭喜贝德福德，保住了60%的本金。“已经很不错了，”洛克菲勒说，“我们不可能把把都赢。”

我的剪报里有个故事，我知道它只是个故事，但它说明了这条真理，所以我在这里说一下。这个蠢蠢的故事里说：一个农妇累了一天后，把干草高高地堆在餐桌上。坐在餐桌边上的男人们，面对眼前的干草，义愤填膺地质疑她是不是疯了。她回答说：“啊，我以前怎么不知道你们会发现？我给你们这些老爷们儿做了20年饭了，但我从来没听过一句话，让我知道你们不是在吃草。”

几年前对出轨女性做过一项研究，你猜它发现妻子们有外遇的主要原因是什么？是“缺少赞美”。而我可以打赌，如果也能研究一下丈夫劈腿的原因，结果也会是一样。我们常把对方当成理所当然的，我们从不让配偶知道我们欣赏他或她。

我们班上有个学员讲了件事，他妻子提出一个很特别的要求。她参加了一个教会团体，和女伴们一起上自我提升课。她让丈夫帮自己列个表，弄出6项来，只要他觉得那样改可以帮助她成为一个更好的妻子。他在班上说："听到这个要求，我很震惊。坦白说，列6项我想让她改的地方，很简单。但我的天哪，她本来可以列一千条让我改的。我没有列任何一项，只是对她说：'让我想想，明天早上答复你。'

"第二天我早早起床，给花店打电话，给妻子订了6朵红玫瑰，附了一张字条，写着：'我想不出让你改的6个地方，我爱你现在的样子。'

"我晚上回到家，你猜谁在门口等我呢？没错，我老婆！她几乎要哭出来了，不用说，我非常高兴自己没有按她要求的那样批评她。

"那个周日，她在教会报告了作业的完成情况，她的几个女伴走到我身边说：'我从没听说过更体贴的事了。'当时我顿悟欣赏的力量。"

弗洛伦兹·齐格菲尔德，这个永远炫倒百老汇的、最才华横溢的导演，以巧妙地"赞美美国女人"著称。他把人们不愿意看第二眼的普通女人一次次变成充满神秘和诱惑的尤物，在舞台上魅力四射。他知道赞赏和自信的价值，所以只通过他的体贴和殷勤让她们变得可以感受到自己的美，这就是力量。他很实际，他给合唱团的女孩们涨工资，从每周30美元涨到175美元。他还很有骑士风范，在弗里斯每开新场，他当夜就会给剧组的全体明星发贺电，并给合唱团中出演的每个女孩都送一大捧红玫瑰。

有一次我为一阵辟谷风所迷，六天六夜没吃东西。并不难，第六天结束时，似乎并没有第二天晚上那么饿。你我都知道，如果有人让他的家人或同事六天不吃东西，那就是犯罪；但他们却会六天、六周甚至六十年不给他们衷心的赞美，而他们精神上对赞美的渴望，就像身体对食物的盼望一样。

阿尔弗雷德·朗特主演了《重遇维也纳》，这个当年的巨星曾经说过这样的话："我最需要的东西，是对自尊的滋养。"我们为孩子、朋友、员工的身体提供营养，但我们又多么吝啬对他们自尊的滋养！我们提供牛排和土豆让他们恢复体力，但不给他们欣赏的好话，而那些话会像晨星的歌唱一样永远在他们的记忆中唱响。

保罗·哈维在他的广播节目《故事待续》中说过，展示真诚的赞赏是怎样改变一个人的一生的。他说数年前在底特律，在教室里跑丢了一只小白鼠，老师让史迪威·莫里斯帮自己找。你看，她赞赏的事实是，大自然赋予了史迪威某种全班都没有的优势，大自然给了他一双灵敏的耳朵，作为对他盲眼的补偿。但这真的是史迪威第一次因为耳朵的天分受到赞赏。好几年过去了，现在他说：这次赞赏的行为，是他新生的开始。你看，从那时起，他开始发展自己的听觉天赋，一路变成了70年代那个艺名史迪威·旺德的大流行歌手兼作曲家。

有些读者读到这儿就马上说了："哎，失望！拍马屁呗！油腔滑调呗！我早就试过这一套，没用！对聪明人不管用。"

拍马屁那一套当然骗不了明白人，因为它是肤浅、自私、虚伪的，不该有效，一般也没效。没错，的确有饥渴的人，只要是赞美，来者通吃，就像一个快饿死的人甚至会吃草和蚯蚓一样[1]。甚至维多利亚女王[2]也不对谄媚免疫。首相大人本杰明·迪斯累里[3]坦白说，和女王打交道就得夸她。如果用他的原话，他说的是自己"用小铲子撒匀"。迪斯雷利是遥远的不列颠帝国历史上最干练、最机敏灵巧的管理者，做首相是个天才，但他用着顺手的招数不一定对你我有效。从长远来看，谄媚是弊大于利的。谄媚就是装，就像假币，如果付给别人，你迟早得倒霉。

那么欣赏和谄媚之间有什么区别？很简单，前者是发自内心的，后者是言不由衷的；前者从心里面流出来，后者从牙缝里吹

[1] 这是杰克·伦敦的《热爱生命》中的故事。
[2] 英国历史上的两大明君之一。这两个明君都是女的，另一个是伊丽莎白。她们两个在位时，英国经历了两个巅峰。
[3] 他还是个小说家，著有《康宁斯比》等。

出来；前者是没有所求的，后者是藏着私心的；全世界都想要前者，全宇宙都诅咒后者。

我最近在墨西哥的查普尔特佩克宫看到了墨西哥英雄阿尔瓦·罗奥布雷冈将军的半身像，下面刻着罗奥布雷冈将军智慧的哲言：“不必惧怕敌人的攻击，而要提防朋友的谄媚。”不不不！我才没有让你学拍马屁呢！远远不是。我说的是一种新的生活方式。让我再说一遍，我说的是一种新的活法。

英王乔治五世有一套六条箴言，挂在白金汉宫书房的墙上。其中一条说：“请让我不要给予或接受卑贱的赞美。”[1]这就是谄媚，“卑贱的赞美”。

我读到过一个对“谄媚”的定义，很值得写一下：“谄媚就是，对方觉得自己是什么样的人，你就照准了告诉他。”

“想说什么就说什么吧，”拉尔夫·沃尔多·爱默生[2]说，“我们说的都是我们自己。”

如果我们只需谄媚，人人都吃这套，那我们就都是人际关系专家了。

只要我们没有忙着想一件特定的事，那95%的时间都是在想

[1] 这种祈使句是“祈祷词”，是在向上帝发愿，另外比如“请赐予我平和、宁静的心”。
[2] 美国19世纪的文化领袖，林肯称他为“美国的孔子”“美国文明之父”。

自己。那么，如果我们停一下，不再思考自己，而是开始想对方的好，我们就不必求助于又贱又假的谄媚了，因为不用开口就差不多已经知道要说什么样的话了。

我们平时最忽视的德行之一就是赞赏。不知怎的，当女儿或儿子把优秀成绩单拿回家时，我们会忽略赞赏；当他们第一次成功地烤好了蛋糕或编好了一个小鸟笼时，我们却忘记了鼓励。对孩子来说，没有比父母的关注和表扬更重要的东西了。

下次在俱乐部里觉得里脊很好吃时，让人带话给大厨说，做得真不错。当一个疲惫的推销员对你格外殷勤时，请说一句“太客气了”。每个牧师、教师、演讲者都知道那种沮丧，他全身心地面对观众，结果没有一丝欣赏的回馈。

对职业人有效的原则，对办公室、商店、工厂里的工作人员以及我们的家人和朋友来说，则双倍适用。在人际交往中，永远不要忘记，我们面对的都是人，都渴望欣赏，它是所有灵魂都可以合法享用的温柔。

下次去每天都去的地方，记得留下一点儿友善的痕迹、感恩的小火花，下次你再去，就会惊讶地发现，这个小火花如何点燃友谊的小火苗，然后成为玫瑰红一样烂灿的火焰。

帕米拉·邓纳姆，康涅狄格州新费尔菲尔德人，有一项职责是管理一个保洁工，那个保洁工做得很糟。楼道里丢的满是垃圾，同事们都笑他，告诉他干得太差了。太糟了，他更玩忽职守了。[1]

这些方法都失败了，于是帕米拉开始尝试用各种方法激励他。她发现，他偶尔会做得很棒。她锁定这一点，认可这一点，当众夸他。每一天，他所有的工作都在慢慢变好，很快就能有效地干所有的活儿了。现在，他干得很出色，别人也开始给他认可和赞赏。批评和揶揄失败之处，真诚的赞赏则结出了果实。

伤人无法改变人，它本身就是多余的。有句老话我剪出来，贴在镜子上，每天都自然而然地能看到。

> 只有一个当下，我只过一次。所以，任何我可以做的好事，或者我可以向任何人传达的任何友善，都叫我现在就去做。让我不要拖延，也不省略，因为当下只有一个，无法再过第二次。

爱默生说：“我遇到的每个人都在某个方面长于我，所以可以为我师。”如果真的如他所说，爱默生可以从任何人身上学到东西，难道你我不应该一千倍如此吗？让我们暂停思考自己的了

[1] 为什么不开除这个保洁工呢？可能有一种解释，他是老板的亲戚，而帕米拉只是一个管理人员，无权开除他。

不起和我们自己的需要，让我们试着找出对方值得称道的地方。这就扔掉了谄媚。

给予赞美时要真诚。要“出自真心地赞美”“不吝啬自己的欣赏”，人们会珍惜你的话，把它当成宝，一生不断地细细品味。许多年后，甚至你都忘了，对方还在一遍遍细细品味。

原则二

请不要吝啬发自内心的、不做作的赞美。[1]

[1] 卡耐基上面比较了“谄媚”和“赞美”的区别，在这里我们必须补充一下“论断”和“赞美”的区别。论断是极其危险的。何为“论断”？举个例子来说，你夸厨师的饭菜香，然后补充一句“那是因为你是从×××毕业的啊”。这是极其伤人的，因为可能厨师引以为豪的是自己的用心，而不是凭学历。这句“那是因为你是从×××毕业的啊”就伤了他的自我意识，也伤了他的自尊，厨师会认为你根本就不识货。

03 让整个世界前来为你助力

小时候，我每年夏天都会去缅因钓鱼。就我本人而言，我特别喜欢吃草莓和奶酪；但我发现，鱼儿不喜欢，反而爱吃蚯蚓，不知道什么原因。所以我去钓鱼的时候，就不是想自己爱吃什么，而是想它们想吃什么。我不用草莓或奶酪做饵，而是钩上一条蚯蚓或一只蚱蜢，放进水里，对鱼儿说："你要不要吃这个？"

这是个常识，那么钓人时为什么要违反它呢？"一战"期间的英国首相劳埃德·乔治就从不违反。有人问他，其他战时领袖早被遗忘，例如威尔逊、奥兰多、克列孟梭，为什么他还能一呼百应？他回答说：如果他的影响力可以解释为一件事的话，那就是他知道必须放对了鱼儿喜欢的饵。

为什么只谈我们爱吃什么？那是幼稚可笑的。当然，你对自己爱吃的东西很感兴趣，永远都感兴趣，但别人没兴趣。其他所有的人也跟你一样。我们只关心自己爱吃什么。

所以世界上唯一能影响他人的方法，就是谈论他们想要的东西，并告诉他们如何获得。

明天你要别人为你做什么事的时候，记得这句话。比如，如果你想让孩子不吸烟，不要唠叨、聊你想要什么，你只需告诉他，香烟会削弱体能，就参加不了棒球队了，或者跑不赢百米短跑了。

这很值得记住，无论是管孩子还是管小牛犊、大猩猩。比如有一天，爱默生和他的儿子要把一头小牛牵进牛棚时，就犯了普通人的错误：只想自己要什么。爱默生在后面推，儿子就在前面拉。而小牛跟他们一样，也只考虑自己想要什么，所以绷起腿，死活不肯离开草地。旁边的爱尔兰女佣看到了他们的困境。她可不会立言著书，但至少这次她更懂常识，懂得小牛的感觉。她考虑了小牛想要什么，于是像母亲一样把手指放进小牛的嘴里，让它吮吸，然后温柔地把它引进了牛棚。

从你来到世界上的第一天开始，你做出的所有行动，都是因为你想要什么。那么给红十字会大捐一笔呢？是的，也不例外，你捐钱，行善举，是因为你想完成一件无私的、动人的甚至神圣的事："这些事你们既做在我这弟兄中一个最小的身上，就是做在我身上了。"[1]

---

[1]《马太福音》第25章第40节。有人问救世主耶稣如何才算帮助了他，耶稣基督就是这样回答的。这句引文大意可以这样理解："无论你帮助哪个信徒，无论他地位多么卑微，都算帮助了我。"

如果对这种感觉的渴望，没有胜过你想要那笔钱，你就不会捐了。当然，也可能是你不好意思拒绝才捐的，因为一个伙伴在请你捐。但有一件事是确定的，你捐款，乃是因为你有捐款的需要。

哈里 · A. 向弗斯特里特在启人心智的《如何影响他人的行为》[1]中说："行为来自我们深深的渴望，所以对于想要增加说服力的人，无论你是在公司里、家里、学校里、政坛上，我能给出的最好的忠告，就是首先要诉诸对方的内在需要。若能做到这一点，整个世界都会向你招手，否则整个世界都将离你而去。"

安德鲁 · 卡耐基，这个赤贫的苏格兰小伙儿一开始出门打工时，每小时只有两美分，后来捐满了365百万[2]美元。他早早就学会了唯一能影响他人的方法，那就是考虑对方想要什么。他只上过4年学，但学会了如何与人相处。比如，他的嫂子很担心两个儿子。两个孩子都在耶鲁念书，忙自己的事，不给家里写信，完全不理会忧心如焚的母亲的家书。

安德鲁 · 卡耐基说要立个一百美元的赌：自己写信，侄子们一定会回，甚至不必要求他俩回信。有人应战。他给两个侄子写了封闲信，在信后随意附了一句，说给他们每人寄了一张5美元

[1] *Influencing Human Behavior*。

[2] 安德鲁 · 卡耐基要凑够365这个数，所以此处未写成3.65亿。

的钞票，但他没把钱装进信封。很快就有了回信，两个侄子感谢他们“亲爱的安德鲁叔叔”温柔的来信，但是……你可以自己填完这个句子。

另一个说服的案例来自我们的学员斯坦·诺瓦克，俄亥俄州克利夫兰市人。一天晚上，斯坦下班回家后，发现自己的小儿子蒂姆在客厅里又踢又叫。他第二天要上幼儿园了，他不想去，正在抗议。斯坦的常规反应应该是，叫他回房间去，告诉他最好自己决定去幼儿园。但今天，他认识到那么说根本没用，蒂姆上了学也不会开心。斯坦坐下来想：“如果我是蒂姆，我怎么样才能特别想去幼儿园呢？”他和妻子写了一个清单，列了蒂姆喜欢做的所有乐事，比如用手指画画、唱歌、认识新的朋友。然后他们就付诸行动了。“我们全家开始在餐桌上用手指画画，我妻子、李尔、我另一个儿子鲍勃，还有我，我们玩得很开心。蒂姆很快就开始从墙角探头，偷偷看过来，然后开始请求加入。‘啊，不行，你还没在幼儿园学会怎么画呢。’然后我鼓起所有的热情，历数清单上那些在幼儿园会经历的乐事，用他能听懂的语言。第二天一大早，我觉得自己起得最早了，我走下楼梯，发现蒂姆在客厅椅子上坐着睡得正香。‘你在这儿干吗呢？’我问。‘我正等着去上学，我不想迟到。’我们全家的热情在蒂姆心里唤醒了一种迫切的需要，怎么讲道理或威胁都不可能有这种效果。”

明天你想说服别人做什么事的时候，开口之前先停一下，问自己："我怎么能使他自己想做这件事呢？"这个问题可以阻止我们莽撞地闯进一个境遇，徒劳地谈论我们的愿望。我租过纽约一家酒店的大会堂办班，每个季度需要20晚。在某个季度初，我突然接到通知，说租金涨了，涨幅差不多是之前的三倍。接到消息时，我的听课证都印了，都发了，课程安排也早就发布了。我自然不愿多付钱，但是和酒店聊我想干什么有用吗？他们关注的是自己想要什么。所以几天后，我去见酒店经理，说："收到你的信，我感到有点儿吃惊。但我绝不是怪你，如果我站在你的位置上，想必我也会写封类似的信。你是经理，职责就是尽量多赢利；如果你不那么做，就会被撤职，也应该被撤职。现在，我们拿张纸出来，写一下坚持加这么多租金对你的利弊。"我拿出一张纸，画了一道竖线，把纸一分为二，左边写上"利"，右边写上"弊"。我在"利"那边写上"会堂会空出来"几个字，然后说："会堂空出来，你就可以租给别人开会或办舞会了。这是一大利。那样得来的钱要比租给一个培训班要多。在这整个季度，如果我占20个晚上，你就必然会损失一大笔生意。

"现在，我们考虑一下弊。首先，你从我这里得到的钱，不是增加，而是降低，而且是降低到零。你要的价太高，我给不起，我得被迫另选他处来办班。对你来说，还有第二个弊。这个班会吸引受过高等教育的精英阶层在你的酒店里汇聚，这对你来说是很好的广告，不是吗？实际上，你花5000美元在媒体上铺广告，效果也不见得比我的课更好。很多人会来看你的酒店，这对酒店来说值一大笔，不是吗？”

我边说边在“弊”下面写下了这两条，把纸交给他说：“我希望你能仔细考虑涨租金会给你带来的利弊两方面，然后告诉我最终的决定。”第二天我收到了信，通知我租金加50%，而不是之前的300%。

请注意，我得到这个降价，根本没说一句我想干什么。我一直都在说对方想要什么，以及如何得到。如果按一般人的正常做法，也许我会闯进他的办公室跟他说：“你什么意思？涨三倍租金！你知道的，听课证都印好了，课程安排都公布了。300%！可笑！荒唐！我不会给的！”

那会发生什么事呢？争执就会升温、沸腾和喷溅。而你知道争执一般都会如何收场。即使我说服了他，让他意识到自己错了，他的自尊也无法让他退步和妥协。

这是人际交往这门艺术曾经给出的最好的忠告之一。亨利·福特说：“假如成功真有个秘诀的话，那就在于一种能力，你能看到对方的视角，站在他的位置上看问题，就像那是你自己的视角。”太对了，我想重复一遍：“假如成功真有个秘诀的话，那就在于一种能力，你能看到对方的视角，站在他的位置上看问题，就像那是你自己的视角。”它如此简单、直白，任何人一眼就看出它是真理，但是世界上90%的人在90%的情况下都忽略了它。

举个例子？明天早上看看你桌上铺满的信吧。你将会发现，大部分都违反了这个“下对鱼饵”的常识和重要原则。比如这封，是一个分部铺满整个大陆的广告公司的广播部主管，写给全国的地方性广播站经理的。（我用括号注明我对每一段的反应。）

致约翰·布兰克先生，印第安纳州布莱克维尔市

亲爱的布兰克先生：

本公司希望在广播广告界保持领袖地位。（谁关心你们公司想要什么？我有自己的事儿要烦。银行在催贷款，否则收回房子；虫灾正在摧毁蜀葵；股市昨天暴跌；我早上没赶上8点1刻的车；昨晚琼斯开舞会没叫上我；医生说我有高血压和神经炎，头皮屑太多……然后发生了什么？我早上来到办公室看到在纽约有个傲慢的小人唠叨他们公司想要什么。我呸！如果他意识到自己的信到底给我什么感觉，他早就滚出广告界去生产催眠药了。）

本公司全国的客户是我们业务网的开始，之后我们停在

了行业第一，并数年保持。（你们是有钱的大公司，行业老大，对不对？那又怎么样？就算你是通用汽车、通用电气和美国陆军总部加起来那么大，我他妈都懒得理你。假如你有蜂鸟[1]一半的脑子就该明白，我只关心我有多大，而不在乎你有多大。你谈了半天你多么成功，搞得我感觉自己好像很渺小、很不重要似的。）

我们希望将各广播电台的最新动态提供给我们的客户。（“你们”希望！“你们”希望！你绝对是头蠢驴。我才不管你希望什么呢，合众国总统希望啥又关我屁事？我就告诉你，我只在乎我希望什么，而你这满纸荒唐言里一个字都没提。）

所以你是否可以将本公司加入优先名单，每周优先给我们提供贵台的动态——所有对一个智能预订时间段的广告公司有用的细节信息？（“优先名单”，你还真有胆子！你夸夸其谈，搞得我感觉自己很小，还让我把你列在优先名单上，请求时甚至连个“请”字都没写。）

即刻复函将你们的动态告知我公司，将使双方受惠。（你这蠢蛋！我正烦贷款、虫灾和我自己的血压，你寄给我一封

[1] 美国人认为，鸟类的脑子一般比较小，所以如果骂一个人比较蠢，就会说他长了鸽子脑袋。而蜂鸟的脑子，自然比鸽子还小。

像秋天的落叶一样到处撒的廉价的格式信，还有胆子叫我坐下来亲自写封信回复你那封格式信，而且还要我“即刻”去做。“即刻”，你什么意思？难道你不知道我比你还忙？最起码我想认为自己很忙。我问你，在这件事上，谁给你的权力像奴隶主一样指挥我干这干那？你说“双方受惠”，终于，这终于是开始看到我的立场了，但是太模糊了。怎么使我受惠？）

谨致问候

约翰·都

广播部主管

PS：随信另附《布莱克维尔报》一份，也许你会想在贵台播报。（终于，在最后的附启里头，你提到了可以帮我办事的东西，为什么不用它做信的开端？但那又有什么用？任何广告公司的人犯你在这封信里犯的傻错，脑子一定不正常。你不需要寄信来索要我们的最新动作，你需要的是在你的甲状腺里注入一升碘酒[1]。）

如果一个做了一辈子广告的人，在影响大众的购买行为的艺术中堪称专家，竟然还写出这种信来，那么，肉商、面

[1] 如果缺碘，甲状腺素分泌不足，人就会患呆小症，大脑发育不良，痴呆。

包商和机工们又会怎么样呢？

这里还有一封，是一个大运输公司的总监写给我们的学员爱德华·韦尔梅伦先生的。收信人看了有什么反应呢？先读读，然后我再跟你说。

致爱德华·韦尔梅伦先生，A. 泽雷加兄弟公司，纽约市布鲁克林区前街28号

先生：

敝处收货码头的运行受阻，因为卡车都集中在傍晚时分来送货。这造成了排队，我们的人员加班加点仍会延误外发，所以偶尔无法按时送抵。11月10日，我们一下收到贵公司多辆510件的货物，下午4点20送来的。

为了消除无法按时送抵的不良影响，我们希望跟贵公司合作，以后如交运大批货物，是否可尽量提早送来敝处，比如上午先送来一部分。

这种安排对贵公司的益处是，你们的送货卡车可以迅速卸货，且能保证我们收到你们的货后当天就能发出。

谨致问候

J××× B××× 总监

泽雷加公司销售经理韦尔梅伦先生看过信后，就叫人送来给我看，上面有他的批注：

这封信的结果是事与愿违的。信上先说运输公司的困难，但我们一般不关心这个。然后对方要我合作，但他根本没想那是否对我们有所不便。信最后才说如果我们合作，就可以使我们的卡车迅速卸货，还能保证我们的货可以在当天发出。换句话说，他最后才说我们最关心的事，所以整体起了反效果，它激起的不是合作的愿望，而是抗拒感。

现在我们看看，是不是可以重写这封信，改善一下。我们不要浪费时间谈自己的问题，就像亨利·福特告诫的，让我们“看到对方的视角，站在他的位置上看问题，就像那是你自己的视角”。这里是一种改法，也许不是最好的，但是不是有进步呢？

致爱德华·韦尔梅伦先生，A. 泽雷加兄弟公司，纽约市布鲁克林区前街28号亲爱的韦尔梅伦先生：

14年来，贵公司一直是我们最欢迎的主顾之一，我们非常感谢你的照顾，自然非常愿意为贵公司提供理所应当的、快速有效的服务。但我们很遗憾地说，在11月10日那种情形下，这是无法做到的。贵公司的卡车队在将近傍晚一下子交来一大批货。为什么我们很难做到呢？因为很多其他客户同时也在这时交货，这自然会造成拥堵。这不可避免地使贵公司的货车堵在码头，还使你们的货要等到第二天才能发出。

这不好，但这是可以避免的。如果你们尽量在上午把货交过来，你们的卡车就能迅速流动，你们交运的货也可以立刻处理了，敝处的工人每晚也可以早点儿回家，品尝贵公司生产的鲜美面条和通心粉。

无论贵公司的货物何时送达，我们都乐意全力迅速为你们服务。你很忙，所以不必费神回信。

谨致问候

J××× B××× 总监

芭芭拉·安德森本来在纽约一家银行上班，她为儿子的健康考虑，想搬去亚利桑那州的菲尼克斯城。使用在班上学到的原则，她给菲尼克斯的12家银行写了这封信。

亲爱的先生：

对于像贵行一样迅速发展的银行来说，我10年的银行工作经验也许有用。

在纽约银行信托公司学会的关于金融工作的各种能力，使我现任支行经理，我掌握了每个金融环节所需要的能力，包括客户维持、贷款、存款和行政管理。

我5月将搬家去菲尼克斯，相信我可以为贵行的发展和利润做出贡献。我将在4月3日那周前往菲尼克斯，如有机会展示如何帮助贵行达到目标，将不胜感激。

诚挚问候

芭芭拉·L. 安德森

你觉得安德森夫人这封信会有回音吗？12家银行回复了11家，请她去面试，她需要选择接受哪家的邀请。为什么？安德森夫人没说自己想要什么，信里只写了她能如何帮助对方，重点是对方需要什么，而不是自己想要什么。

每天都有成千上万的推销员沉重地踏在路上，疲倦、沮丧，赚不到什么钱。为什么？因为他们总是只考虑自己想要什么，而不明白，你我都不需要买他的东西。如果需要的话，早就自己出去买了。我们永远都只关心能解决我们自己问题的东西。如果哪个推销员的服务、货物真的能帮我们解决问题，他就不必推销了，我们会主动买的。客户喜欢觉得自己是在主动买，而不是被推销。但有很多推销员一辈子都在推销，从不站在买主的立场上看问题。

举个例子。我在大纽约中心的林山私人住宅区住了很多年。买房子之前的一天，我正向车站走，偶遇一个房地产经纪人，自称在那一带做了很多年。他对林山这么熟，我就立刻问他，那种石屋用的是铁板条还是空心砖。他说不知道，然后说了一些我知道的事，他说我可以打电话给林山花园的物业问问。第二天一早，我收到了他的来信。他是不是提供了我需要的信息？不必写信啊，一个电话60秒就搞定了。他没有提供信息，还是叫我打电话去问，然后让我答应他让他来办贷款。他并不关心怎么帮我，他只关心怎么帮自己。

J. 霍华德·卢卡斯，亚拉巴马州伯明翰人，跟我说同一个公司的两个销售员是怎么处理同一件事的，他说：

几年前我是一个小公司的管理层，附近有家大保险公司的分部。他们的销售员划分区域，而我们公司那块儿被分给了两个人，我叫他们卡尔和约翰。一天早上，卡尔来我们公司，闲聊了几句，说他们公司最新推出了一款专门针对各公司管理层的人寿保险，觉得我们可能会感兴趣，他说问清楚后就来跟我们说。

那天，约翰看到我和同事们喝咖啡休息完后正走回办公室，就在路边大喊："嘿，鲁克[1]，请留步，我有个好消息要告诉你们。"他疾走两步，非常激动地跟我们说他们公司那天新制定的针对管理层的人寿保险（就是卡尔随意聊到的那种），他想给我们开第一单。他重点针对承保范围说了几条，最后说："这保险太新颖了，我明天就叫总部派人来详细解释给你们听。不过现在这会儿，先把申请表签个字吧，那他就有更多的信息可以参考了。"他的激情感染了我们，我们很想要这种保险，虽然我们还不知道任何细节。保单拿来之后，就确认了约翰起初对这种保险的理解，我们每个人从他那里买了一份，后来还加倍了承保范围。

卡尔本来可以做到的，但他没有努力唤起我们想买保险的渴望。

世界上充满了找钱、找自己的人。先放下自己，努力为他人着想的人是少数，所以他们有无穷的优势。卡尔和约翰根本就不

[1] 鲁克是卢卡斯的昵称。

是一个级别的。

大律师兼美国顶级商业领袖欧文 · D. 杨格曾经说过：“能够站在对方的角度理解对方的心理活动的人，从不需要担心未来会发生什么。”

如果读完这本书后你只得到了一个东西，即使从这本书里你只得到了一个简单的技术，也就是总能考虑到对方的视角，那它就能成为一块实打实的事业之砖。

从对方的视角进行观察，诉诸他内心的急切渴望，这是不是可以理解成：操纵对方，让他做一些只对你有利而对他有害的事？不。双方都应当从协商中有所得。在写给韦尔梅伦先生的信中，写信人和收信人都会通过执行建议而获益。在安德森夫人写的信中，银行和她本人是双赢的，银行得到了一个有价值的雇员，安德森夫人得到了一份合适的工作。而在约翰卖保险给卢卡斯先生的例子中，双方都能从交易中获益。

还有个双赢的案例来自迈克尔 · E. 威登，罗得岛沃里克人，利用了“诉诸热切需要”的原则。他是壳牌石油公司的区域销售。麦克[1]想成为那一片儿的首席销售，但有个加油站成了拦路虎。加油站老板是个老头，特别不愿意保持加油站的卫生，破破

---

[1] 麦克=迈克尔。

烂烂的，严重影响了汽油的销售。小老板根本不听麦克对升级加油站的请求。多次谈心并劝了很久之后，没有任何效果，麦克决定请小老板去访问壳牌在当地新开的加油站。结果他对那里的设备环境大为震惊，而麦克再去他那里的时候，整个加油站都干干净净的了，销量增幅创了纪录，麦克也成了本地区的首席销售。他所有的谈话、讲道理都没管用，但通过领着小老板参观最新的加油站，他在小老板的心里唤起了迫切的需要。他达到了目的，小老板和麦克取得了双赢。

很多上过大学、会读维吉尔[1]、懂神秘的微积分[2]的人，从未发现自己的心是怎么转动的。比如有一次，我给普惠公司（指那个大空调生产商）新招聘的大学毕业生办过一个沟通方面的课。有个学员要劝其他人在业余时间打打篮球，他说："我想请你们去打篮球。我就喜欢打篮球，但前几次去体育馆，人太少凑不成局。还有一个晚上，我们两三个人只能投球玩儿，我的眼睛还打紫了。我希望你们明晚都来，我真的很想打篮球。"他说了别人需要什么了吗？如果体育馆那么冷清，你肯定也不愿去，对不对？他想要什么你才不在乎呢，而且你也不想把自己的

[1] 古罗马诗人，使用拉丁文写作。
[2] 高等数学的一部分。

眼睛打紫了。那么他是否可以告诉你去体育馆你能得到什么想要的东西吗？当然。精神好，胃口更好，头脑清晰，好玩，游戏，篮球。

重复一下向弗斯特里特教授睿智的忠告："行为来自我们深深的渴望，所以对于想要增加说服力的人，无论你是在公司里、家里、学校里、政坛上，我能给出的最好的忠告，就是首先要诉诸对方的内在需要。若能做到这一点，整个世界都会向你招手，否则整个世界都将离你而去。"

笔者的培训班里有个学生很担心自己的小儿子，这孩子特别瘦，不肯好好吃饭，父母用的是常规套路。"妈妈想让你吃这个，吃那个。""爸爸很想让你快快长大。"孩子会理会这些吗？也许就像你在沙滩上不会理会一粒沙子一样。希望一个3岁的孩子对一个30岁的父亲的视角做出反应，真是太缺乏常识了。但那就是这个父亲想要的结果。太荒唐了，他最后终于醒悟，所以他问自己："那孩子需要的是什么？我怎么能把我的希望转化成他的需要？"他一这么想，问题就简单了。儿子有一辆小脚踏车，他喜欢在布鲁克林自家房子前面的路上骑来骑去。街上隔着几户住着一个爱欺负人的大孩子，他常把小孩子拉下来自己骑上。小孩子哭着跑回来告诉妈妈，然后母亲出去把大孩子拉下来让小孩子坐上去，这样的情节天天在上演。小孩子需要什么？回答起来太简单了。他的骄傲、他的怒火、他对重要感的渴望，所有这些天生强烈的情绪都刺激着他，他要报仇，他要一拳打在大孩子的鼻子上。他解释说，只要按照母亲的吩咐多吃，总有一天他一定能把大孩子一拳打得昏天黑地的。他父亲答应了这件事后，好好吃饭就不是事儿了，现在他什么都爱吃，菠菜、泡白菜、咸鱼干……一切可以让他快快长大打败那个欺负人的大孩子的东西。

解决完这个问题后，这对夫妻又解决了另一个问题。孩子有尿床的问题，挺头疼的。他和奶奶一起睡，每天早上奶奶醒来都会摸着褥子说："强尼，看你昨晚又做了什么。"他就会说："不，不是我干的，是你干的。"打骂羞辱，一遍遍说爸爸妈妈不喜欢他这么做，但强尼继续尿。所以他的父母亲问自己："怎么才能让孩子希望自己不再尿床呢？"他有什么愿望呢？第一，他要穿父亲那样的睡衣，不喜欢奶奶那样的。奶奶已经受不了他的夜尿症了，所以很高兴答应给他买件那样的睡衣，只要他不再尿床。第二，他想要自己的床，奶奶并不反对。母亲带他去了布鲁克林的一家商场，对女售货员眨眨眼说："这个小绅士想买点儿东西。"售货员尊敬地问："年轻人，你想看些什么？"他挺了挺胸膛，站高了些，说："我想买张自己的床。"他把目光投向一张床，母亲很中意这一张，于是向售货员使了个眼色，售货员说服了他买这张。第二天床就送来了，晚上父亲回家的时候，他跑到门口大叫："爹地，爹地！快上楼来看我买的床！"父亲看到了，遵循查尔斯·施瓦布的教诲，所以"给予了真诚的嘉许，不吝啬自己的赞扬"。他说："你不会再尿这张床了，会吗？""啊，不，不，不尿这张。"他信守承诺，因为他的骄傲在里面。这是他的床。是他自己买的。他还穿着男人才穿的睡衣。他要像一个男人一样。他做到了。

还有个父亲叫K. T. 杜奇曼，是个电信工程师，也是班里的学员。他无法让3岁的大女儿吃早餐。常规的责骂、请求、哄等方法都不管用。所以她的父母问自己："我们怎么才能让她吃呢？"小女孩喜欢模仿母亲，感觉自己已经长大了，是大人了。所以一天早晨，他们让她站在一张椅子上，让她来做早餐。她正搅麦片呢，父亲趁机溜进厨房，她看到父亲进来就说："啊，爹地，你看是我在做麦片呢！"那天早晨，哄都没哄她就乖乖地吃了两碗，因为她在意那粥。那满足了她的价值感，做麦片给她的自我表达找到了一个途径。

威廉·温德有一次说："自我表达是人性的主要需要。"那么，为什么我们不在工作中使用同样的心理原则呢？当我们有个好点子，不要让别人觉得那是我们的点子，为什么不让他们自己搅拌一下这个点子，做那份早餐呢？他们会觉得那是他们的，他们会喜欢它的，没准儿也会喝两碗呢。

请记得："首先要诉诸对方的内在需要。若能做到这一点，整个世界都会向你招手，否则整个世界都将离你而去。"

原则三

诉诸对方的内在需要。

第二篇

如何让大家都喜欢你

04 这样做，谁会不喜欢你？

为什么要读一本如何赢得朋友的书呢？但是又有什么理由不向有史以来世界上最会交朋友的人取取经呢？他是谁？你明天走在街上，就会遇到他。当你走到离他一米远的时候，他就会摇动他的尾巴了。如果你停下来摸摸他的头，他就会开心极了，告诉你他有多喜欢你。而且你知道，他表面喜欢你，背后没有任何企图，他不是想卖给你一套房子，也不打算要你做他老婆。

你是否曾经想过，狗[1]是唯一不靠工作糊口的动物？鸡要生蛋，牛要产奶，金丝雀要唱歌。但狗不需要给你任何东西而生活，它只需要给予爱。

父亲在我5岁时花5毛钱给我买了一只小黄狗，它是我童年的光和欢乐。每天下午4点半左右，它都会坐在院子门口，用它那

[1] 狗，在英语中不是个贬义词，比如："Every dog has its day."（人人都有得意时。）

双迷人的眼睛直勾勾地望着门前的小路。一听到我的声音，或者看到我挥动着饭盒露出灌木丛，它就会像箭一样射出去，喘息着蹿上小山来接我，高兴地跳着，纯粹欢喜地叫着。

蒂皮一直做了我5年的玩伴，悲哀的是，在一个我永远无法忘记的晚上，他在离我不到3米远的地方被雷劈死了。它的死是我童年时代的悲剧。蒂皮，你从来没有读过一本心理学书，你也不需要读，因为你有某种神圣的本能，天生懂得：真的喜欢别人的人两个月内交到的朋友，比努力让别人喜欢自己的人花两年时间交到的朋友更多。让我重复一遍，如果你喜欢别人，那么两个月内交到的朋友，要比努力让别人喜欢你在两年里交到的更多。但你我都认识很多人，一辈子的大错就是只想让别人喜欢自己。那自然是徒劳的，人们不在意你，也不在意我，人们在意他们自己，早上在意，中午在意，晚饭后也在意。

纽约电话公司做过一项细致入微的研究，调查通话中使用频率最高的是哪个字。你猜对了，人称代词“我”。在500次通话中，出现了3990个“我”。当你面对你的合影，首先会找谁？

如果人们只想打动别人，让别人喜欢我们，我们就绝对不会有太多真正贴心的朋友。朋友，真正的朋友，不是这么交来的。

拿破仑试过错误的方法，他最后一次和妻子约瑟芬见面时说：“约瑟芬，我曾经是世界上有史以来最幸运的男人，但是此时此刻，你是我在世上唯一的依靠。”但历史学家怀疑，他是不是真的能依靠她。

维也纳著名心理学家阿尔弗雷德·阿德勒写过一本叫《生活对你应有的意义》的书，他在其中说：“不关心别人的人会活得最苦，也最贻害他人，所有的人类失败都来自这些人。”也许你读过数十本大部头心理学论著，但没找到一句这样的话可以启迪你。阿德勒的这句话太丰满了，我要重点强调一遍：“不关心别人的人会活得最苦，也最贻害他人，所有的人类失败都来自这些人。”

我在纽约大学听过一个短篇小说写作课，其间有个顶级刊物的主编来班上讲课。他说自己桌上总是摊满了几十篇故事，随便挑一个读上几段，他就能判断出作者懂不懂爱人。“如果作者不喜欢人，”他说，“就没人会喜欢他的故事。”这位辣手大主编在讲小说写作的课上两次中断，为自己的说教道歉。“我跟你们说，”他说，“这跟布道一样，但很重要，一定要记住，要做一个成功的小说家，你得爱人。”如果这对写小说来说是对的，和人面对面打交道的时候就更对了。

公认的魔术大师霍华德·塞斯顿上一次登台百老汇，晚上我去化妆室找他。他40年来走遍世界各地，一次次地创造幻象，迷住和惊呆观众，6000多万人看过他的表演，他几乎有200万美元的利润。我请塞斯顿先生聊聊他的秘诀。教育自然没法解释，因为他小时候离家出走，四处流浪，扒火车，睡草堆，挨家乞讨，靠从车窗看沿路广告认识了几个字。他有高超的魔术知识？不，他说，世界上出版过成百上千的魔术书，很多人懂得和他一样多。但他有两个东西是别人没有的。第一，他把自己的人格铺满整个舞台。他掌控表演。他了解人性。他所做的一切，每个姿势、每个语调、眉毛的每次上扬，都提前反复琢磨。他动作灵敏，能精确到秒。第二，他真的热爱自己的观众。他对我说，很多魔术师望着观众时会心想："啊，一堆傻瓜坐在那里，我要好好骗骗他们。"但塞斯顿完全不是，他说每当自己上台，都会暗想："有这些观众来捧场，我心怀感恩。他们使我过上了舒适的生活，我要全力以赴回报他们。"他说每逢走上台前都会默念："我亲爱的观众，我亲爱的观众……"荒诞？可笑？你爱怎么想都行。我只是叙述一个史上最著名的魔术师的做法，我未加评论。

乔治·戴克，宾州北沃伦地区[1]人，被迫关了自己的加油站，退休了。干了30年了，但一条新高速公路正好穿过他那块地方。很快，无聊的退休生活开始让他心烦，他捡起自己以前的小提琴，开始玩音乐打发时间。很快，他开始走遍当地去听音乐

[1] 美国的这种地区（census-designated place，CDP）是为了做人口统计划分的，没有统一的行政中心，只要从地貌上看是一个整体就行。

会，听演讲，遇到了很多著名的小提琴家。他为人谦虚和善，喜欢听所有遇到的音乐家讲自己的故事和兴趣。虽然他自己不是个伟大的小提琴家，但在赶场中交了很多朋友。他参加比赛，很快有了粉丝，在美国东部的乡村音乐界有“金爪县的小提琴刮子[1]乔治叔”之称。他成名的时候，已经72岁了，享受自己生命中的每一分钟。他总是喜欢别人，所以当很多人觉得他盛年已过时，他为自己创造了一种全新的生活。

这也是西奥多·罗斯福人气特别高的秘诀，甚至用人们都爱他。他的贴身男仆詹姆斯·E. 阿摩司写过他的一本回忆录，叫《西奥多·罗斯福：他的男仆的英雄》。阿摩司在书中说了一件很有启发性的事：

“有一次我妻子问总统，美洲鹑长什么模样。她从没见过，他就详细地给她描述。不久后，我家的电话铃响了（阿摩司夫妇住在罗斯福的牡蛎湾庄园的一个小屋里）。我老婆接的，是罗斯福先生本人，他打电话告诉她说：现在她的窗外正好落着一只美洲鹑，向外瞅一眼就能看到。在意这种小事情，是他的性格。不管他什么时候经过我们的屋子，甚至看不到我们的时候，我们都会听到‘呜呜，呜呜，呜呜，安妮？’‘呜呜，呜呜，呜呜，詹

[1] 刮子就是小提琴的弓。Scraper用在这儿，不是个固定用法，而是一个比喻。

姆斯？’这是他经过时亲切的招呼声。”

一个员工怎么可能不爱这样一个老板？任何人怎么可能不爱这样一个人？有一天罗斯福进白宫去见塔夫脱总统夫妇，俩人恰好都不在。看得出他是真爱下属的，因为他实际上在用名字称呼曾经的老仆人们，甚至做杂务的女仆。

“当他看到爱丽丝，那个厨房女工，”亚齐·巴特写道，“就问她是不是还做玉米面窝头。爱丽丝说有时候还做，给仆人们吃的，但谁也不动。罗斯福大声说：‘那是他们没口福，我看到总统就告诉他这件事。’爱丽丝用盘子端来一块儿给他，他边走向办公室边吃，边走边和遇到的园丁和别的工人打招呼……他像过去一样叫每个人的名字。艾克·胡佛在白宫做了40年首席引路员，满含泪水地说：‘这是我这几年来最快乐的一天，给一百美元我也不换。’”

对貌似不重要的人的关心，同样帮助销售代理小爱德华·M.塞克斯保住了一个客户，他是新泽西州查塔姆人。“很多年前，”他说，“我代表约翰家公司去拜访麻省的客户，一个客户是辛厄姆市的一家综合商店。我进店之后，总会先跟卖饮料的店员和其他服务员聊两句，然后才去找老板聊，让他下订单。一天我走到老板面前，但他叫我离开，他不再想买约翰家公司的产品了，因为他觉得公司正把精力收缩在食品店和打折店上，这损害了他这种小店的利益。我夹着尾巴离开了，开着车在城里转了好几个钟头。最后，我决定回去，最起码对店主解释解释我们的立场。

“当我返回，我走进店里，像以前一样和饮料柜台与其他柜台的店员打招呼，而当我走到店主面前，他冲我笑了笑，欢迎我回来。然后他给了我比平时多一倍的订单。我吃惊地看着他，问他怎么了，因为我刚离开几个小时。他指了指冷饮柜旁边的小伙子，说，我离开后，那个小伙子走过来告诉老板，我在来店里的销售员中并不多见，还跟他自己和其他店员打招呼，看得起他们。他告诉店主，如果有哪个销售员值得做买卖，就是我。店主同意，并成了我忠实的客户。这件事我一直牢记于心，真正在乎别人是一个销售人员应当拥有的最重要的品质，甚至任何人都值得拥有。”

我的亲身经历告诉我，如果真的在乎对方，你就能赢得最红的人的青睐、时间与合作。我举个例子。几年前，我在布鲁克林科学艺术学院办过小说写作课，我们想请最著名的大忙作家们来这里分享他们的经历，比如凯瑟琳·诺里斯、范尼·赫斯特、埃达·塔贝尔、阿尔伯特·培生·特修恩、鲁伯特·休斯。于是我们给他们写信，说我们欣赏他们的作品，深深地希望能得到他们的忠告，学习他们成功的诀窍。

每封信上都有150多个学生的签名。我们还在信里说，我们知道他们很忙，没有备课时间，所以我们另附了一张细目表，他们可以照着来回答那些关于他们自己以及他们的写作方法的问题。他们都很喜欢这封信，谁不喜欢呢？所以他们离开家赶来布鲁克林，向我们伸出援手。

我们用这个办法还请到过西奥多·罗斯福内阁的财政部长莱斯利·M. 肖、塔夫脱内阁的司法总长乔治·W. 维克汉姆、威廉·镇宁斯·布莱恩特、富兰克林·D. 罗斯福等诸多名流来班上教演讲。

所有的人，不管是工厂工人、办公室文员还是宝座上的国王，我们都喜欢那些喜欢我们的人。拿德国皇帝举个例子。“一战”后，他大概是世界上最招人恨的野蛮人了，连他自己的国人都背叛了他，要砍他的头，所以他逃亡荷兰。他身上聚集的怨气如此之重，数百万人都想生撕了他，或把他烧成灰。愤怒像森林大火一样。但一个小男孩给皇帝写了一封简单而真诚的信，充满了善意和崇拜。他说，不管别人怎么想，他将永远热爱威廉，因为他是自己的皇帝。皇帝被这封信深深地打动了，请小男孩前来觐见。小男孩真的来了，他母亲也一起来了，后来皇帝和孩子的母亲结了婚。小孩并不需要读书来学习怎么影响他人、赢得朋友，他本能地知道方法。

不走心交不到朋友，要为别人做些需要时间和精力的、无私的、体贴的事。温莎公爵还是威尔士王子的时候，打算周游南美，出发前花了几个月时间学习西班牙语，这样就可以用本地话做公开演讲了，因此他在南美人气爆棚。

多年来我一直有个习惯，那就是搜集朋友们的生日，为什么？不是我相信星相学，我一点儿也不信。我会问对方是否相信生日和人的性格、性情有关，然后请他告诉我他的生日。比如他说11月24日，我就默念几遍："11月24日，11月24日……"他一转身我就把名字和日子记下来，回头誊在一本生辰簿上。每年年初，我把这些生日列在我的台历上，这样自然就能看到。每当谁的母难日一到，就有我的贺信或贺电。结果多么好！我常是世界上唯一一个记得他们生日的人。

要交朋友，还要以热情和高兴待人。有人打电话给你，就用这个心情。说"你好"时，语调要能让对方感觉到，你是多么高兴他打来了电话。很多公司培训接线员，让他们说这句"你好"时使用闪烁着热情和喜爱的语调。打电话的人会感觉到公司真的很欢迎自己。明天接电话的时候，就这么做吧。

向对方展示真正的兴趣，不仅能交到朋友，还能培养顾客对公司的忠诚度。纽约的北美国家银行发行过一个内刊，其中一期刊载了存款人玛德琳·罗斯代尔下面这封信。

《鹰》，纽约市北美国家银行内刊。

> 我想对你说，我是多么喜欢贵公司的人。人人都那么彬彬有礼，爱帮助人。多么愉快啊，等了一长队之后，听到对方愉悦地问候你。去年我母亲住院5个月，我常找出纳员玛丽·彼得鲁切鲁，她很关心我母亲，问我她好些没有。

罗斯代尔夫人会继续在这家银行存钱，有任何疑问吗？

查尔斯·R.瓦尔特斯，在纽约市最大的一家银行工作，一天接到一个任务——对某公司内部情况做一个调查报告。瓦尔特斯只认识一个人，此人有他迫切需要的数据。当瓦尔特斯先生被领进总裁办公室时，一个年轻的女人从门外把脑袋探了进来，说她那天没什么邮票给总裁。总裁向瓦尔特斯解释说："我在为我的儿子集邮，他今年12岁了。"瓦尔特斯说明了来意，开始提问题。但总裁的话总是很含糊，概括又笼统。他不想聊，显然无法说服他开口。谈话时间很短，什么都没问出来。"说实在的，我真是没办法了。"瓦尔特斯先生说，"后来我突然想起他的秘书和他说的话，邮票、12岁的儿子……同时我想到，我们银行的国际部有很多邮票，信件从七大海洋包裹的所有大陆向这里拥来，信封上有的是邮票。

“第二天下午，我再次拜访，传话进去说我有很多邮票，特地带给他家公子的。我被热情地请进去了吗？那当然。他紧握着我的手，就像在竞选议员，脸上满是笑容和善意。他翻看了那些邮票，不停地说：‘我的乔治会喜欢这张的。啊，看这一张，真是宝啊！’

“我们聊了半个小时的邮票，看他儿子的照片，然后他花了一个多小时提供我需要的任何信息，我甚至都没要他这么做。他一股脑地都说了，还打电话给副总裁们询问。他还给几个同事打电话，用各种事实、数据、报告、信件装满了我的脑袋。如果用媒体记者的行话，我这是独家爆料啊。”

这里还有个例子。C. M. 柯纳福尔，费城人，他多年来都想把汽油卖给一个大连锁集团。但这家连锁公司一直从一家郊外的供货商那里进货，而且每次送汽油的时候，运油车都正好从柯纳福尔的办公室门前经过。柯纳福尔先生有天晚上在我的课上大发牢骚，发泄自己对连锁店的怒火，指责它们是国家的祸害。他嘴里这样讲，但还是不甘心，为什么劝不动那家公司买他的汽油。我劝他换个方法试试。情形就是这样的，我把班里的学员分成两组，展开了一次辩论会，主题是“连锁百货店的业务发展，对国家害多益少”。

柯纳福尔照我的建议，站在了反对方。他答应为连锁店抗辩，然后直接就去找了他很讨厌的集团的总裁，说：“我没想来卖汽油给你们，我来是想请你们帮个忙。”然后他讲了那个辩论赛，说：“我来找你们帮忙，因为我不知道谁更能提供我需要的事实。我很想赢得比赛，如蒙相助，不胜感激。”

故事后来是这样的，是柯纳福尔的原话：“我请他给我一分钟就行，他很体贴所以同意见我。我说明来意后，他示意我坐下，然后和我谈了整整1小时又47分钟。他叫进来一个副总裁，那人写过一本关于连锁店的书。他给全国连锁店协会写信，为我要了一本这方面的论著。他觉得连锁店给人类带来了真正的好处，他为自己对无数社区的服务感到自豪。他谈话的时候两眼都在发光，很亮，我必须承认，他打开了我的视野，见到了以前做梦都想不到的事。他改变了我的整个心理态度。我走的时候，他送我到门口，把手搭在我的肩膀上，预祝我赢得辩论，还让我再来看他，告诉他结果。他对我说的最后一句话是：‘晚春的时候再来看我，我想从你们公司订一批汽油。’

“这对我来说简直就是奇迹。我还没要求呢，他就要买我的汽油了。在这里，我对他和他的事感兴趣，所以两个小时的进展比过去十年的总和还大，我十年来一直想让他对我和我的产品感兴趣。”

柯纳福尔先生发现的真理，其实并不新鲜，很久很久以前，远在基督降生前一百年，著名的罗马老诗人普布里乌斯·西鲁斯就说过:“只有当人对我们感兴趣，我们才会喜欢他们。”而要表达出自己的兴趣，就像人际关系的其他所有原则一样，一定要真诚。它必须为双方带来好处，不仅对展示兴趣的人有益，也要对受到关注的人有益。这不是一条死胡同，它两头都开着，双方都要获益。

马丁·金斯伯格参加了我们在纽约长岛的课，他报告了一件事，一个护士尤其照顾他，于是深深地改变了他的一生。“当时是感恩节，我刚10岁。我在市医院的福利病房，准备接受安排在第二天的大外科整形手术。我知道自己必须住好几个月的院，几个月的恢复期中，我都会疼痛难当，还动不了。我爸爸死了，我们孤儿寡母住在小公寓里，领着救济。我母亲那天没能来看我。

“这长长的一天过去了，我被孤独感攫住，我很绝望，很害怕。我知道妈妈一个人在家担心我，没人陪她，没人陪她吃饭，甚至没有足够的钱吃一顿像样的感恩节晚餐。

“我的眼泪涌了起来。我把头压在枕头底下，用被子蒙起来，我默默地哭泣，但如此苦涩；身体又开始疼了。

“一个实习小护士听到了我的呜咽，来到我的床边。她掀开被子，拿开枕头，开始擦我的眼泪。她说，她也很孤单，这一天还得上班，没法陪家人。她问是否可以陪她一起吃饭。她拿来了两个托盘的食物，切了火鸡，做了土豆泥、橘子酱和冰激凌甜点。她和我说话，试着安慰我的恐惧。虽然她下午4点钟就可以下班了，但一直陪我到快11点。她和我玩游戏，和我聊天，陪着我直到我睡着。

“那时我10岁，这么多年来，感恩节来了，走了。但如果不回忆那一次的感觉，一个感恩节就不会离开，那一天，一个陌生人的温暖和温柔使我承受住了绝望、恐惧、孤独。”

如果你想让别人喜欢你，如果你想获得真正的朋友，如果你想助人助己，就将这条原则牢记于心吧。

原则一

真的喜欢别人。

05 这能留下美好的第一印象

在纽约的一个晚宴上，有个客人刚刚继承了一笔遗产，她好像急于给所有人留下一个好印象。她花了大笔钱买了貂皮、钻石和珍珠，但没有修脸。它散发着刻薄和自私。她不明白一个常识：一个人脸上的表情，比她背上的皮草要值钱得多。

查尔斯·施瓦布对我说，自己一笑值千金[1]。也许他把真实价值打折了，因为他的非凡成就，完全归功于他的人格魅力或让人喜欢他的能力，而他最讨喜的因素之一，就是他那令人倾心的微笑。

行动比语言更雄辩，而一个微笑传递的信息是："我喜欢你，你让我高兴，看到你我真的很开心。"这就是为什么狗总能打动人们的原因。它们看到我们就真的很高兴，几乎要乐坏了。所以

[1] 这里的原文说的是值100万美元。

很自然，我们看到它们也很高兴。

婴儿的微笑有同样的效果。你有没有在医院的候诊室四处探查那些圆嘟嘟的正迫不及待地等着你来看的小脸儿？史蒂芬 ·K.斯普鲁尔医生，密苏里州雷敦市的兽医，跟我讲了一个春天的故事。那一天，满屋子的人带了宠物来打疫苗。没人在聊天，所有的人好像都在想无数心事，而不是坐在这里浪费时间。他在课堂上说："一共有六七个人在等，这时候进来一个年轻的女人，带着一个9个月大的婴儿和一只小猫。真是幸运，她坐在了一个绅士旁边，前面那么多人在排队，他可不是一丁点儿心烦。他干啥了？当然是你我都会做的事。婴儿向他笑，他回敬了一个微笑。很快他开始和那个女人聊她的小孩，还有自己的孙子孙女。很快，整个接待室都加入了进来，无聊和紧张变成了愉悦的享受经历。"

那么，不真诚的笑呢？假笑愚弄不了任何人。我们知道它是机械的，我们讨厌这种笑。我说的是真正的微笑，从心里流出来的那种，它从内在而来，那种笑才值钱。

詹姆斯 ·V. 麦克康奈尔教授，密歇根大学的心理学家，他表达了自己对微笑的感觉。"微笑的人，"他说，"一般更能高效地管理、教育、销售，还能养育出更幸福的孩子。微笑中携带的信息，比皱眉更多。这就是为什么鼓励远比惩罚更有教育作用。"

美国一家大购物中心的人事部经理告诉我，选销售，她会挑一个小学没毕业但笑得悦人的人，而不会雇一个拉长脸的法学博士。一个微笑的结果是强大的，即使没被人看到。美国的电话行业有个项目叫作“电话力”，培训电话销售，售卖服务或产品。这个项目建议人们在打电话的时候要保持微笑。你的微笑会通过声音传递过去的。

罗伯特·克莱尔是俄亥俄州辛辛那提某公司的网管部经理，他讲了自己是如何成功地为一个难填的职位找到正确的人的。“当时我部门缺人，正绝望地试图找一个计算机方面的博士，最后锁定了一个年轻人，各方面条件都很理想，他很快就要从珀杜大学毕业。聊过几次电话后，我得知他还有其他几家公司的邀请，很多都比我们公司更大、更有名。我很高兴他最后接受了我的邀请。他开始工作后，我问他为什么选择我们而不是其他。他停了一会儿，然后说：‘我觉得是因为其他公司的经理给我打电话的时候，总是冷冰冰一副公事公办的样子，让我感觉就像在做生意。你的声音听起来好像，你接到我的电话真的挺开心的……你真的想要我成为你们公司的一分子。’你可以肯定喽，至今我都微笑着打电话。”

美国最大的橡胶公司的董事长对我说，根据他的观察，如果一个人从工作中得不到乐趣，那就很难在任何方面成功。这个工业大佬不太相信俗话说的“唯有苦干才是打开愿望大门的魔法钥匙”。他说：“我认识很多人，最后成了事儿，只是因为他们做事的时候热情四射，很享受。后来我看到这些人变了，乐趣变成了干活儿。然后公司就开始越来越糟，他们完全丧失了乐趣，终至失败。”

只有你觉得人们看见你就会很高兴，你才会见到他们就高兴。我培训过成千上万的生意人，叫他们每天的每个小时都冲一个人笑一笑，持续一周，然后回到课堂说说结果。管什么用呢？看看吧。这里有封信，是纽约股票经纪人威廉·B. 斯登哈特写的。他不是个案，实际上只是成百上千案例中的一个典型。他写道：“我结婚18年了，这些年来，从我起床到离开家门去上班，几乎从不对老婆笑，也很少说几句话。我是在宽街走过的人中最严肃的那种。

“你让我微笑着说话，一周就行，所以我觉得可以试试。第二天早晨，梳头发的时候我在镜子里看到了自己那张阴郁的脸，心想：‘比尔，你今天要把紧锁的眉头从这张石膏脸上解开。你得笑，你得马上就做。’我坐下吃早餐的时候，对老婆说了句‘早上好，亲爱的’，边说边笑了笑。

“你曾经预告过她会吃惊的，我也会。但你低估了她的反应。她迷惑了，震惊了。我告诉她将来我会常这么干的，每天早上都持续做。

“态度一开始改变，我在两个月里给家里带来的幸福，就比去年整整一年还多。

“现在我去上班时，会对公寓里的电梯员微笑道‘早’，对门卫也微微一笑，在地铁换硬币的服务台前对出纳微笑，当我站在股票交易所的地板上时，对从未见过我笑的人微笑着。这样没过多久，我发现每个人都在以微笑回敬我。有人带着抱怨和痛苦来找我，而我愉悦地接待他们，微笑着倾听，然后我发现，他们的苦恼变得容易解决了。我感受到了微笑为我带来的美元，每天都有无数的美元因之而来。

“我和另一个经纪人同用办公室，他手下有个可爱的小伙儿。我对自己的成果感到很高兴，最近把我新得的人际哲学告诉了他。他坦白跟我说，我刚来合用这间办公室时，他认为我脾气一定臭得厉害，他只是最近才改变态度。他说我笑的时候特别有人格魅力。

“我还把‘批评’从我的系统中删除了，现在我把指责换成了欣赏和赞赏。我再也不会说我要什么了，而是尽力去看到别人的视角。这些事真的革新了我的生命，我完全成了另一个人，一个幸福的富人，富有幸福与友谊，毕竟只有幸福与友谊最重要。”

你不喜欢笑？那又如何？两步。第一，强迫自己微笑。如果你独自一人，就强迫自己吹或哼一首歌或小调。就像你已经很幸福那样行动，那你就会真的开心起来。心理学家兼哲学家威廉·詹姆斯这样说："好像我们是先有感觉后有行动，但实际上行动和感觉是互动的。行为受意志直接控制，而通过调节行为，我们可以间接地调节不受意志控制的情绪。

"所以，如果你不开心，那就可以自动走一条寻找幸福的大道，那就是开心地坐着、走着、说着，仿佛快乐已经来了。"[1]

世界上每个人都在寻找幸福，有一条路，通过控制自己的思想，一定能帮你找到。幸福并不依靠外在环境，而是依靠内在环境。你拥有什么、是谁、在哪儿、在做什么，不是这些东西使你快乐或不快乐，而是你认为快乐是什么。比如，两个人住在同一个地方，做同样的工作；两个人的地位和财富相当。但一个总是愁眉苦脸，另一个则很幸福。为什么呢？因为他们的幸福观不一样。在热带的酷热中用粗糙农具劳作的贫穷农民中，我看到了很多幸福的脸，比在空调屋里办公的人的笑脸都多，无论是在纽约、芝加哥还是洛杉矶。

"世界上本来没有好和坏，"莎士比亚说，"你觉得它好它就好，你觉得它不好它就坏。"亚伯拉罕·林肯也说过："人们到底有多幸福，那得看他想让自己有多幸福。"没错，这是真理。最

---

[1] 这个观点就是《正能量》的主要论点。

近我走在纽约长岛车站的台阶上时，见到了一个动人的例子。我看到三四十个残疾儿童在我前面走，拄着拐杖努力地爬上台阶，还有一个男孩需要人抱着上去。他们的快乐和欢笑使我震惊。我对一个带队的说了这事，他说："啊，是的，当一个孩子意识到自己将要终身残疾，他一开始会震惊。但当他克服了震惊之后，他常会顺服于命运，变得和正常孩子一样开心。"我真想对那些孩子脱帽致敬，他们教会了我一课，我希望自己永远不要忘记。

在公司一个单独的办公室里工作，不仅使人孤单，还让人失去和同事们交朋友的机会。谢诺拉·玛丽亚·贡扎莱，墨西哥人，就是这个工作模式。听到同事们在一起开心地聊天，她就羡慕嫉妒恨。刚来公司的前几周，当她独自一人在食堂里碰到她们，只能当作没看见。

几周后，她对自己说："玛丽亚，你不能指望她们主动找你，你必须主动去跟她们聊天。"第二次，她走向冰水机，露出大大的微笑，见到谁都说："嘿，今天过得怎么样？"效果是立即可见的。微笑和问候像回声一样返回，食堂的氛围似乎变得更加松快了，工作也更怡人了。她们的关系深化了，并且在某种程度上还发展成了友谊。她的工作和生活变得更加怡人和有趣了。

作家兼出版家阿尔伯特·哈伯德这条神奇的建议很值得细品

（但请记住，光细品是没用的，只有应用后才有用）：“当你出门，收下巴，把头上的旋儿[1]尽量抬高，使空气充满你的肺，满饮阳光，对朋友报以微笑，把灵魂注入每一次握手。别怕被人误解，不要浪费一分钟思考你的敌人。在心里全力锚定你想做的事，然后勇敢地直奔目标。把精神集中在你想做的了不起的大事上。当日子一天天过去，你就会发现，你已经在不知不觉中抓住了那完成渴望所必需的机会，就像珊瑚虫从流动的潮水中过滤了足够的营养。在心里清晰地描绘出你想变成的那个能干、积极、对社会有用的人的形象。心里抓住这个想法，那么每个小时都在把你变成你想成为的那个人……思考是至高无上的，要保持正确的心理态度，包括勇气、真诚和高兴。”

正确地思考就是创造。[2]一切都源于渴望，凡你真诚所求的，必会应验。我们心之所钟，必然会成为我们的一部分。收起下巴，把头旋儿抬高，我们就像天地间的众神，包裹在蚕茧中。古代中国人是一个智慧的民族，懂得世界的运行方式。他

[1] 一般人头上只有一个旋儿，但有的人有两个旋儿、三个旋儿。

[2] 这个提法，对于不了解基督教文化的人很难理解和接受。《圣经》说，神造万物，那么，神是通过什么来创造万物的呢？通过他的话语（word）。他说：“要有光。”于是有了光。既然神的话可以创造万物，那么，人呢？人可是按照神的属性创造的，于是古代的人盲目地相信，人的话是有能量的，可以改变世界，只是效果会差很多。这就像日本文化中的“言灵”。而现代科学研究证明，语言的能量还不只这样，语言甚至会改变人的人格，而改变人格可是药物都无法做到的。

们有句谚语，我们应当烙在帽子底下。它说："人无笑脸莫开店。"[1]微笑是善意的信使，你的微笑会点亮所有见到它的人的生活。有些人见过十几张垂头丧气、紧锁眉头的脸后，你的微笑对他来说就像阳光，会刺透乌云。尤其当有人身处压力时，不管压力来自老板、客户、老师、家长还是孩子，一个微笑就能帮他意识到，世界还是有希望的，世界还是可以欢乐的。

数年前，纽约市的一个商场意识到了销售员在圣诞节购物季的压力，在宣传中对顾客们说了下面这平凡的哲学。

> 圣诞节一笑的价值：它没有成本却产出巨大。接收方将受益，给予者却无损。它刹那完成，但记忆永存。没有人富到不再需要它，没有人穷到无法因之变富。它给家带来幸福，给同事带来善意，是友谊的信号。累了，它是休息；烦了，它是日光；哭了，它是阳光；它是大自然治愈烦恼最妙的解药。它无处可买，无处可求，无处去借，无从去偷。在给予之前，它对任何人都没有一丁点儿价值。如果在圣诞节

[1] 作者要表达的是"笑脸迎客""笑迎八方客"或者"卖笑"等意思。正如《自控术：如何管住自己的生活心理学》中所讲，笑是有价值的，可以卖出钱来。

购物季倒计时中，我们的销售员太累了无法给你一个微笑，那么能不能请你留下一个微笑？只有那些笑不出来的人最需要微笑了。

原则二

你，一笑值千金。

06 这会让人一下子喜欢上你

那是1898年的一天，纽约州罗克兰县发生的惨剧。有个孩子夭折了，邻居们正准备去参加葬礼。

吉姆·法雷去马棚拉出一匹马来。地上都是雪，冷风很烈。马儿好几天没有遛弯儿了，牵它去饮水槽的时候，它一直高兴地转圈玩儿，把两条后腿高高地踢向天空，结果把吉姆·法雷踢死了。所以小小的石尖村一周举行了两场葬礼，而不是一场。

法雷死后，只留给妻子和三个孩子几百美元的保险。大儿子吉姆才10岁，就去一家砖厂干活，和泥、倒进模子、压成坯子再晒干。吉姆没有机会上太多学，但他天生有温和怡人的才能，人们都很喜欢他，所以他从政了，数年中他培养了一种记住别人名字的特殊才能。

吉姆没上过中学，但他46岁前已经有四所大学授予的荣誉学位了，他还当选过美国民主党全国委员会主席，做过交通部长。

我曾经采访过他并询问他成功的秘诀，他说：“好好干！”我回答说：“别开玩笑。”然后他问我是怎么理解的，我回答说：“我知道你能叫出一万个人的名字。”“不，你错了。”吉姆说，“我可以叫出五万个。”

别小瞧这个本事，靠着它，法雷先生成功地把富兰克林·D.罗斯福在1932年竞选后送进了白宫。当年吉姆·法雷在一个石膏公司做推销员的时候，以及他做石尖村村干部的时候，他就开发了一套记住别人姓名的方法。

首先，这套方法非常简单。每遇到一个新朋友，他就问清对方的全名以及他或她家里、工作上、政见中的一些小事儿。他把那些事儿画成一张图，记牢，第二次再见面，哪怕是一年后，他也还能握着对方的手，并问起对方的家事，还能询问他家后院的蜀葵花。

罗斯福竞选总统前几个月，吉姆·法雷每天要给西部和西北部各州的人写几百封信。然后他跳上火车、马车、汽车、轮船在19天里走了2万英里横跨20个州。他会拜访小镇，和选民一起吃早饭、午饭、下午茶和晚餐，和他们进行“心对心的聊天”，然后又飞向下一段行程。他一回到东部，就立刻从他拜访过的每个镇子里挑一个人，并且写一封信，请对方列出已聊过的客人的全部名单。最后的清单上有几百万的名字，而上面的每个人都有幸得到詹姆斯·法雷[1]的一封私信。这些信都以“亲爱的比尔”或“亲爱的简”开头，并且总是署名“吉姆”。

吉姆·法雷早就发现，一般人很在意自己的姓名，甚于全世界的姓名之和。记住那个名字，并自然地叫出口，你就已经巧妙且有效地恭维对方了。而忘了别人叫什么，或者记错，你就把自己置于极其危险的不利境地了。

比如，我有一次在巴黎组织了一个演讲班，要给当地的美国居民邮寄格式信，而法国打字员显然不太懂英语，打名字的时候自然会出错。一个美国银行的巴黎分部的经理写来了一封严厉的指责信，说他的名字拼错了。有时候很难记住一个名字，尤其是很难拼的时候。这时很多人就不去努力记住，而是忽略或者给他起个容易点儿的昵称。希德·李维曾经拜访过一个客户，他叫尼克戴姆斯·帕帕多洛斯。大部分人把他叫尼克。李维告诉我们：“我特别努力地默念了几遍他的名字，然后才打电话，当我用全称称呼他时，‘下午好，尼克戴姆斯·帕帕多洛斯先生’，他都震惊了，因为好像好几分钟他根本没有作声。最后他声音颤抖地说：‘李维先生，我在这个国家待了15年了，还没人把我的名字叫对过。’”

---

[1] 还是吉姆·法雷。原文如此。

安德鲁·卡耐基取得巨大成就的原因？人们叫他“钢铁大王”，但他对钢铁所知甚少。他有成百上千的人为他工作，他们才更懂钢铁。但他懂得如何为人处世，这是他的聚宝盆。他很早就展示出了组织才能和领导天分。10岁时，他发现人们很重视自己的姓名，他用这招赢得合作。那时他还是苏格兰的一个小男孩，有一次他抓到了一只兔子，是一只母兔。很快，它就生了一窝小兔子，没有东西可喂。这时他有了个好主意，他跟邻居家的男孩女孩们说，谁出去采苜蓿和蒲公英来给小兔子吃，这只小兔子就会以谁的名字命名。这个计划像魔法一样有效，卡耐基从未忘记。

多年后，他做公司，用这个心理战术赚了几百万美元。比如，他想把钢轨卖给宾州铁路公司，而宾州铁路公司当时的总裁是J. 埃德加·汤姆生。所以安德鲁·卡耐基在匹兹堡新建一座大钢铁厂的时候，将其命名为“埃德加·汤姆生钢铁厂”。这里有个谜，看你能不能猜到：当宾州铁路公司要采购钢轨时，你觉得J. 埃德加·汤姆生会买哪一家的呢？希尔公司？罗巴克公司？不不，错了，重猜。

当年卡耐基和乔治·普尔曼在铁路车厢业务上一较高下，钢铁大王又想起了兔子那一课。他旗下的中央运输公司正在和普尔曼经营的公司争夺市场，双方都在努力争夺联合太平洋铁路公司的车厢业务，互相排挤，竞相降价，最后搞得一点儿利润都没有了。卡耐基和普尔曼都亲自去纽约会见了联合太平洋铁路公司的董事会成员。一天晚上，两个对头在圣尼古拉斯酒店见了面，卡耐基说："晚上好，普尔曼先生，我们是不是把自己变成了一对傻子？"普尔曼问："你什么意思？"于是卡耐基表达了自己的见解，不如两家公司合并。他用炽热发光的语言描绘了合作而不是对抗能给双方带来的好处。普尔曼仔细地听，但并不全信，最后他问："你想让新公司叫什么？"卡耐基立刻回答："啊，当然叫普尔曼宫殿车厢公司。"普尔曼的脸亮了，他说："来我房间吧，咱俩接着细聊。"这次谈话改写了工业史。

安德鲁·卡耐基记住朋友和生意伙伴的名字以示尊敬的策略，是他领导力的秘诀之一。实际上，他能叫出公司里很多工人的名字，他为此感到骄傲。他常得意地说，只要自己坐镇，他那火热的钢铁工厂从未爆发过罢工。

得克萨斯商业股份银行董事长本顿·拉布相信，公司越大，人情越冷。"有一个办法暖和起来，"他说，"那就是记住彼此的名字。凡是告诉我他记不住名字的管理者，就是同时在告诉我：他没记住自己的一项重要职责。他就像踩在流沙上。"

凯伦·克塞克，加州派洛斯·福德牧场人，环球航空公司的空姐，她尽量多地记住自己班机上的乘客的名字，并在服务时称呼他们。结果有很多对她服务的褒扬，有些是当面夸的，有些是寄给航空公司的表扬信。一个乘客这样写道:“我有段时间没坐环球航空了，但我将来要么不坐飞机，要么只坐环球航空。你们让我感到，你们是一个非常人性化的航空公司，这对我来说非常重要。”

人们为自己的名字感到骄傲，他们努力使它不朽，无论代价如何。甚至心狠手辣的、狂躁的老P. T. 巴纳姆也这样，他是当年最红的演员之一。没有儿子继承他的姓，他感到很失望，于是出价2.5万美元给他的外孙，只要他改姓，改叫西利・巴纳姆。

很多个世纪以来，权贵们资助画家、音乐家和作家，以便使艺术家们创造的作品献给他们。图书馆、博物馆中的大部分典藏，都是那些无法忍受自己的名字被本国人忘记的人的捐赠。纽约公共图书馆有一个阿斯特・蓝纳克斯书架，大都会博物馆使本杰明・奥特曼和J. P. 摩根的名字流传青史，几乎每个教堂中漂亮的彩色玻璃窗上，都有对捐赠者的名字的纪念，大部分大学校园都有很多建筑，以捐助者的名字命名，他们会出很大一笔钱来享有这份荣誉。

大部分人记不住名字，只是因为他们不肯花时间和精力，而集中精神重复几次是必要的，不然无法把名字牢牢地刻在心里。他们自己有很多借口，他们太忙了。

但他们想必不会比富兰克林・D. 罗斯福更忙吧，他甚至会花时间去记忆和回忆自己遇到的汽车修理工的名字。比如，克莱斯勒公司给罗斯福先生定制了一辆专车，因为他腿脚不便所以坐不了标准的车。W. F. 张伯伦和一个汽车工把车送进了白宫。我现在面前就摆着一封张伯伦的信，记着当时的情形：“我教会了罗斯福总统开这种有很多特别装置的车，而他却教会了我待人处世之道。”

“我到了白宫，”张伯伦写道，“总统很开心，很高兴。他直呼我的名字，我也感到很开心。我印象尤其深刻的是一件事，他对我要展示和告诉他的所有事都非常感兴趣。车经过特殊设计，只用手就能开。一群人围过来看车，而罗斯福总统说：‘我觉得它好神奇。按个钮就能走，可以轻轻松松地到处兜风。我觉得实在太棒了，我不知道它是怎么动的，真希望能有时间拆开看看它是什么原理啊。’

“当罗斯福的朋友和同事们欣赏车时，他当众说：‘张伯伦先生，非常感谢，感谢你完成这辆车所花费的所有时间和努力。这真是一件极好的作品。’他欣赏车的冷却器，特殊的后视镜、钟和前照灯，车内的设计，驾驶座的设计，后备厢里的特制箱子，箱子外边都标着他姓名的首字母缩写。也就是说，他注意到和想到了所有我考量过的细节。他还叫罗斯福夫人着重看这些各式装备，还有劳工部长珀金斯小姐，还有他的秘书。他还把白宫的老搬运工拉了进来：‘乔治，你可得好好照顾那些箱子啊。’

“驾驶课结束后，总统转向我说：‘啊，张伯伦先生，我已经

让联邦储备金监察小组等了30分钟了，我该回去工作了。'

“我去白宫时带了一个汽修工人，他一到，我就把他介绍给了罗斯福。他没有和总统谈话，而罗斯福只听到一次他的名字。这个汽修工是个怕羞的小伙子，一直躲在后面。我们要离开了，总统要见他，跟他握手，叫他的名字，感谢他来华盛顿。在他的感谢中，没有一点儿做作。他是真诚的，我可以感觉到。

“回到纽约几天后，我接到罗斯福总统亲笔签名的照片还有一小张感谢条，他再次感谢我的帮助。他是如何抽出时间来做这件事的，对我来说一直是个谜。”

富兰克林·D. 罗斯福懂得一种最简单、最显而易见且最重要的获得好感的方法，那就是记住别人的名字，让别人感到自己很重要。但我们有多少人能做到呢？当我们被介绍给一个陌生人，聊几分钟后说再见的时候，我们就已经不记得那人叫什么了。政治家的第一堂课就是：“政治才能就是记住选民的名字，你记不住他们，他们就记不住你。”

记住姓名的能力，对商业交往和社交，都像在政治中一样重要。法皇拿破仑三世，伟大的拿破仑的侄子，曾经得意地说：虽然国事繁忙，但自己能记住见到的每个人的名字。他的技巧？简单。如果他没听清楚就会说：“对不起，我没听清楚你的名字。”然后，如果是个不常见的名字，他就会问：“怎么写？”在接见中，他会不厌其烦地数次提到对方的名字，并在脑海中和对方的长相、表情、整体外形连起来。如果这是个大人物，拿破仑就更努力了。每当皇帝独自一人，他就会把这个名字写在纸上，端详它，集中注意力，把它牢牢地刻在脑子里，然后把纸撕掉。这样，他不仅记住了那名字的声音，眼睛也留下了那名字的样子。

这些都很费时间，但是，“礼貌，”爱默生说，“由小小的牺牲组成。”

记住并叫别人的名字很重要，它不是国王和集团总裁们的特权，我们所有人都可以用。肯·诺丁汉姆是印第安纳通用汽车公司的一个员工，他常在公司食堂吃午饭。一天他注意到餐台后面的女人，脸上总是挂着一丝愁容。“她做了两个小时的三明治了，我也不过是她的另一个三明治。我跟她说了我要吃的东西，她在秤上称过火腿，然后加一片莴苣叶、几根炸土豆条，然后递给我。

“第二天我走了同样的流程。同一个女人，同样的愁容。唯一不同的是，我注意到了她的姓名牌。我微笑着说：‘你好，尤尼斯。’然后跟她说了我要吃的东西。然后，她忘了称，给了我一堆火腿，莴苣叶三片，还给了我一大堆土豆条，放在了托盘上。”

我们应当明白名字中藏着的魔法。这个东西，完完全全是属于他的，它只属于我们面前这个人，而不是别人。名字将人区分开来，使得他或她与众不同。当我们带着这个人的姓名和对方交往时，我们要表达的信息和做出的请求，对她来说都变得特别重要了。无论面对的是女侍还是高层，名字总能在我们与之交往时产生神奇的效果。

原则三

记住对方的名字，因为名字对一个人来说是世界上最悦耳和最重要的声音。

07 怎样才叫“会聊天”

前些日子我参加了一个桥牌聚会。我不会玩，还有个女士也不会。我说自己做过洛威尔·托马斯的经纪人，那时候他还没做无线电那行，我跟着他跑遍了整个欧洲，帮他准备一路要做的路演。这时她说：“啊，卡耐基先生，真的很想知道你都去过哪些名胜，见过何种美景。”

我们找沙发坐下，她说最近刚和丈夫从非洲回来。“非洲，”我叫起来，“太有意思了！我一直想去非洲看看，但只有一次在阿尔及尔逗留过24小时。跟我说说，你在那个国家看了大型野生动物满地跑的地区了吗？是吗？太幸运了。我真是羡慕你啊。跟我聊聊非洲吧。”然后她一连说了45分钟，她不再打听我去过哪儿，看过什么了。她不再想听我聊我的旅行了，她只想让我感兴趣地听，听她讲述她去过哪儿，这样她就伸展了她的“自我”。

她是个案吗？不，很多人都一样。比如，我最近在纽约出版商举办的一次聚会上碰到了一个著名植物学家。我从未和植物学家聊过天，但我发现他很有魅力，我真的已经屁股半离开椅子，倾听他讲那些奇异的植物，讲培植新品植物和发展室内花园的试验（他还跟我讲普通土豆的不普通的事实）。我自己就有个小室内花园，他有足够的知识给我讲解怎么解决一些问题。就像我说的，我们是在一个晚宴上，还有十几位客人呢。但我违反了所有的社交准则，我忽视了其他所有人，只和这个植物学家聊了好几个小时。

午夜来了，我向大家道晚安要走。这个植物学家转向主人，称赞了我几句，说我"极富激发能力"，我这样，我那样，最后说我"特别会聊天"，很风趣。我会风趣地聊天？啊，我几乎什么都没说啊。即使我想说，如果我不换话题的话，我一个字都插不进去，因为我不懂植物学，就像我不懂企鹅的解剖学一样。我做了什么呢？我只是专注地听。我这样听，是因为我真的很感兴趣。他感觉到了，这自然让他高兴。倾听是我们能够给予任何人的最高赞美。杰克·伍德福德在《爱上陌生人》中写道："全心关注，是一种微妙的恭维，很少有人，很少有人抵抗得住。"而我对那个植物学家所做的，甚至还超过了全心的关注，我"给予真诚的认可，毫不吝啬自己的赞扬"。我对他说，我非常开心，而且受益匪浅。我是真心的。我告诉他，我真想也拥有像他那么多的知识。我是发自肺腑的。我告诉他我真希望能和他一起畅游植物学。我是真诚的。我说我很希望能再次见到他。我是真诚的。这样，他就认为我会聊天了，而实际上我不是会聊，只是会听，并懂得鼓励他继续说。

谈生意的秘诀是什么？啊，哈佛大学前校长查尔斯·W. 艾略特说："谈生意没有什么神秘的……仔细听对方说，这很重要。没有什么比这更能讨人欢心了。"关于倾听之道，艾略特自己就是个大师。

亨利·詹姆斯，美国第一代大作家，回忆说："艾略特教授不是静静地听，而是有一种活跃在里头。他坐着，脊柱笔直，双手握着放在腿上，除了两个拇指或快或慢地纠缠之外别无动作，他注视着你，仿佛不是在用耳朵听，而是用眼睛。他全神贯注地听，在想你说的话。聊过后，你总觉得自己该说的都说透了。"

有件事是不证自明的，你不需要在哈佛学四年才能懂，不是吗？我们知道，很多商家租用很贵的店面，降低进货成本，装饰迷人的橱窗，花几千美元做广告，却雇用了不懂倾听的店员。顾客说话时，他们会打断、反驳、惹怒顾客，并把人都赶走。

芝加哥有个店，就因为一个销售员不会倾听，几乎丢了一个每年消费数千美元的老主顾。亨丽埃塔·道格拉斯在芝加哥上我们的课，她在减价时买了一个外套，拿回家后发现，内衬有个口子。第二天她回到店里，叫销售员换一件。店员甚至拒绝听她说什么。"你是打折的时候买的？"她说，然后指着墙上的一个牌子，大叫："你读读！'概不退换。'你买了就不能退，自己缝一下就行了。""但这是残品啊。"道格拉斯夫人抱怨道。店员打断她说："都一样，一律不管！"

道格拉斯夫人很生气，边走便诅咒，说再也不来这家店了。这时经理迎面打招呼，她多年来照顾这家店，所以两人很熟。道格拉斯夫人告诉经理发生了什么事。经理仔细听了整个故事，检查了外套，然后说："打折的东西是概不退换的，这是换季清仓。但这个'概不退换'政策不适用于残品。我们有责任，要么换掉内衬要么修好，要是你愿意，退货也是可以的。"

待遇多不一样啊！如果店长没有过来听顾客说，这个老主顾就从此永远流失了。

倾听，在家庭生活中的重要性不亚于在生意场。米莉·埃斯波西托，纽约州哈得孙河边上的克罗顿村人，她的一个孩子想跟她说话时，她就把仔细倾听当成活儿来做。一天晚上，她和儿子罗伯特坐在厨房里，罗伯特聊了一会儿自己想的事情之后，说："妈妈，我知道你非常爱我。"

埃斯波西托夫人很感动，说："当然我很爱你，你怀疑吗？"

罗伯特回答："不怀疑，我真的知道你很爱我，因为我一有话要跟你说，你就停下手头的事听我说。"

总在抱怨的人，即使最激烈的批评者，也常会软化，在一个能感同身受的、耐心的倾听者面前折服。有些人能安静地听找碴儿的人像一条被惹怒的眼镜王蛇一样鼓起来，从身体里喷出毒液。比如前几年，纽约电话公司发现自己必须应对一个超级凶猛的客户。他辱骂客服。对，他骂了。他暴跳如雷。他威胁说要把电话连根拔起来。他说某项费用是伪造的，所以拒绝支付。他给媒体写信。他无数次向消费者协会投诉，还针对电话公司发起了数起诉讼。最后，公司最能干的问题专家被派去和这个随时会暴怒的“炸药桶”谈判。

问题专家就听着，让这个好斗的顾客尽情地发泄自己的长篇大骂。电话公司的代表不只是听，还边听边说“对”，并对他的悲伤感同身受。“他持续咆哮，我听了将近3个小时。”问题专家在笔者的一堂课上这样讲述自己的经历，“看完表后，我又接着听了很久。我一共跟他聊了四次，第四次结束前，我就成了他正在发起的一个组织的宪章成员。他把它叫‘电话用户抗议联盟’。我现在还在这个会里，而据我所知，我是除了他之外唯一的成员。

“我听着他的讲述，并在他说的每一点上都感同身受。他从来没有和公司的任何代表这样聊过天，最后甚至变得很友好了。第一次去见他，我对自己的目的只字未提，第二次和第三次也没提，但到了第四次，我完全解决了问题，他全额付款了，而且在他找电话公司碴儿的历史上，他第一次主动撤销了给消费者协会的投诉。”

毫无疑问，这位先生把自己当成了神圣的正义使者，在无耻的剥削面前保障公众的权益。但他要的其实不是这个，他要的是“我很重要”的感觉。一开始他是从投诉和抱怨中得到的，而当他从公司的代表那里得到这个感觉后，他臆想的那种义愤一下子蒸发了。

多年前的一个早上，有位顾客愤怒地闯进于连·F. 德特默的办公室。于连创立的德特默毛制品公司，后来是世界上最大的毛制品供货商。“他欠我们公司一点儿货款。”德特默先生对我解释说，“他不承认，但我们知道错的是他。所以我们的财务部催他归账。接到我们财务部几封信后，他准备好了拳头，来到芝加哥，闯进我的办公室告诉我说：他不会给钱，而且再也不从德特默毛制品公司订一分钱的货了。

“我耐心地听完他的话。我有打断他的冲动，但我意识到那是糟糕的策略，所以我让他自己说完。当他那股气焰慢慢降下来，情绪变得稍微能听进去别人的话时，我淡定地说：‘我想感谢你来芝加哥告诉我这些。你帮了我一个大忙，因为如果我们的财务部让你不高兴，相信他们也会得罪别的好顾客，后果是不堪设想的。相信我，你说的情况，我比你更在意。’

“他完全没想到我会这么说。我觉得他可能有点儿失望，因为他来芝加哥就是为了要对我说三道四，但我却感谢他，而不是和他吵。我向他保证，我们会销账，这件事就算过去了，因为他是个细心的人，而且只做一本账，而我们的员工需要同时对几千份账，所以他弄错的可能性更小一些。

“我说我完全理解他的感觉，如果我是他，无疑和他的感受完全一样。因为他说自己不再从我们公司进货，我就给他推荐了另几家毛制品公司。

“以前他来芝加哥，我们常在一起吃午饭，所以那天我也请他坐坐，他勉强答应了。回到办公室后，他订了比过去要多得多的一批货。他回家的时候心平气和。为了双方公平起见，他回去又仔细地查看了自己的账目，发现一个订单从账本里掉出来了，于是他把欠款寄来，顺手致了一封道歉信。

“后来他老婆生了个儿子，他给起的中间名就是德特默[1]。直到去世，他22年里一直是我们公司的客户和朋友。”

多年前，有个荷兰籍移民男孩，放学后给一家面包店擦窗户补贴家用。他家里很穷，穷到每天都要提着篮子去路边捡从运煤车上洒下来的煤块。他叫爱德华·博克，一生上过不到6年学，

---

[1] 什么叫中间名（middle name）？比如巴拉克·侯赛因·奥巴马。奥巴马是他的姓，巴拉克是他的名，而侯赛因（Hussein），就是中间名，多是为了纪念某个人或某件事。但这个名，一般不写，或者只写首字母（H.），所以又叫“隐名”，意思是，自己家人知道就行了。奥巴马政府经历过一次危机，就是因为他这个“侯赛因”被人扒了出来，说他信伊斯兰教。

但后来却成了美国新闻界最成功的杂志编辑之一。他怎么做到的？说来话长，但他怎么起步的，可以简单说说。他的崛起，靠的就是本节所说的原则。

他13岁退学，在西联公司做杂役，但他无时无刻不记得对教育的追求。所以他开始自学。他省下车费和午饭钱，直到攒够买一部《美国名人大百科》，然后他做了一件前所未闻的事情。他阅读名人的生平，然后写信给他们，向他们要更多的童年故事。他很会听，他叫这些名人多聊自己。他写信给当时正竞选总统的詹姆斯 ·A. 加菲将军，问他是不是真的在运河上做过小纤夫。詹姆斯回复了。他还给格兰特将军写信，询问某场战役，于是格兰特给他画了一张地图，还请这个14岁的小大人吃晚饭，聊了整个晚上。很快，这个西联的小勤杂工给全国的顶级名人写了信：拉尔夫 · 沃尔多 · 爱默生、奥利弗 · 温戴尔 · 霍姆斯、朗费罗、亚拉伯罕 · 林肯夫人、路易莎 · 梅 · 阿尔克特、谢尔曼将军，还有杰弗逊 · 戴维斯。他不仅跟他们通信，而且一放假就去拜访，很多人都很欢迎他去做客。这些经历给他的人格印上了一种自信，而自信是无价的。这些男男女女引爆了他的雄心，他看到了未来的自己，这种预见则改变了他的人生。所有这些之所以成了可能，让我再说一遍，都是因为他应用了本节讨论的原则。

艾萨克 ·F. 马可逊，作为记者访问过不少风云人物，他说，很多人无法给人留下良好印象，只是因为他们不好好听。“他们太在意自己接下来要说什么，所以不肯张开耳朵……很多大人物告诉我说，他们喜欢会听的，甚于会说的。而倾听的能力似乎比其他所有优点更罕见。”渴望遇到一个懂得倾听的人，不是大人物的专利，普通人也是这样。《读者文摘》有一次说：“很多人在想要听众的时候去看医生。”

内战最黑暗的阶段，林肯写信给伊利诺伊州春田镇的一个老朋友，请他来华盛顿，说有些问题想跟他聊聊。这个老邻居来到白宫，林肯跟他聊了几个小时，讨论发表一个解放黑奴的宣言是否可取。林肯把这个举动的所有利弊捋了一遍，然后开始阅读来信和报纸，其中一些指责林肯不解放黑奴，而另一些则指责他要解放他们。聊了几个小时后，林肯和老邻居握手，道晚安，把他送回伊利诺伊。

林肯甚至没有听听他有什么看法，所有的话都是他自己说给自己听的。而这么做似乎可以让他理清思路。这个老朋友说：“聊完后他感觉好像轻松多了。”林肯不需要建议，他只需要一个能够理解自己的朋友来听，这样他就可以卸下苦闷了。这是我们心烦时唯一需要的，这也常是顾客发火时唯一需要的，员工不满也是这样，朋友受伤也是这样。

当代最会听的伟人之一是西格蒙得·弗洛伊德。一个和弗洛伊德聊过天的人这样描述他倾听的方式：“他深深地打动了我，我永远难忘。他有在其他任何人身上都发现不了的品质。我从未见识过这样集中注意力的倾听。那不是‘刺穿灵魂的目视’的探查那回事。他目光温柔、恬人，声音低沉、和蔼，动作很少。即使我说得不好，他给我的关注、他对我言语的赞赏，都非比寻常。如果没亲身经历过，你根本不知道有人会这样听你说话，那感觉有多么好。”如果你想知道如何使人躲避你，在背后嘲笑你甚至鄙视你，这里有个好办法：不要倾听任何人，要不断地谈自己。如果你觉得自己知道对方在聊什么，马上插嘴打断他的半句话，不要让他说完。你见过这种人吗？我见过，很不幸，而最让人吃惊的是，他们中还有些名人。烦人，他们就是烦人，陶醉在他们自己的“自我”里，感到自己很重要，就像喝醉了一样。

只聊自己的人，必然是以自我为中心的人。“只谈自己的人，”执掌哥伦比亚大学多年的尼古拉斯·莫里·巴特勒博士说，“就是没一点儿教养的人。”他又说：“受过多少教育，也是没有教养。”

所以，如果你想会聊天，就学做一个专注倾听的人。为了变得风趣，就要对对方感兴趣。问对方爱回答的问题。鼓励他们多聊自己以及自己的成就。记住，你聊天的对象觉得自己的需要、自己的问题才有趣，比你的需要和问题有趣一百倍。他的牙痛，对他自己来说，比中国发生的死了一百万人的饥荒要更加重要。他脖子上的一个小水疱儿，抵得过非洲的40场大地震。下次聊天前，想想这件事。

原则四

倾听，鼓励对方多聊自己。

08 提高你的影响力

每个拜访过西奥多·罗斯福的人，都无法不对他渊博的学识感到惊奇，不管来者是牛仔还是骑士，纽约政客还是外交家，罗斯福都知道该跟他说什么。他怎么做到的呢？答案很简单，当有人要来，他得知对方特别感兴趣的话题，前一天晚上就会晚睡一些，读一些相关资料。因为罗斯福知道，其他领袖也知道，直抵心底的康庄大道，就是聊对方最关注的话题。

威廉·里昂·菲尔普斯，温文尔雅的作家兼耶鲁大学文学教授，很早就懂这个道理。他在《论人性》的文章中说："我8岁的时候，有个周末去利比·林斯利姑姑家过周末，她家在胡萨托尼克的斯特拉特福德。那天晚上有个中年人来做客，和姑姑寒暄过后，他注意到了我。那时我碰巧对船只有特殊爱好，而我好像对他聊这个话题的方式十分感兴趣。他走后，我热情地赞扬他。这人真棒！姑姑告诉我，他在纽约做律师，根本就不懂船，也就是他丝毫不关注船只问题。‘但他为什么一直聊船？’‘因为他是个绅士，他明白你喜欢船，所以才聊你感兴趣的话题。他让自己到处受欢迎。’”威廉·里昂·菲尔普斯接着说：“我永远不会忘记姑姑的话。”

当我写这一节时，面前放着一封信，来自投身于童子军事业的爱德华·L. 查利夫。查利夫写道：“有一天我想找人帮个忙。欧洲要举行一场童子军大露营，我要请一家全美国最大的公司的总裁给我的一名童子军资助旅费。

“幸运的是，我去见他之前，听说了一件逸事，他曾签过一张一百万美元的支票。兑现作废后，他就把它装入了镜框。所以我走进他的办公室后，先请他允许我欣赏一下那张支票。我告诉他，我从不认识开过一百万支票的人，我要跟我那些童子军讲，我真的见过一百万的支票。他高兴地拿给我看，我表示赞叹，并请他跟我讲讲到底怎么回事，为什么会签这样一张支票。”

你注意到没？查利夫先生没上来就说自己想要的，关于童子军和欧洲大露营的事。他只是聊对方感兴趣的事。这就是结果：“我见面的那个人突然说：‘啊，顺便问一下，你找我有什么事？’于是我就说了。

“让我大为吃惊的是，”查利夫先生继续写道，“他不仅答应得很痛快，而且还多给了一些。我只是希望他能资助一名童子军去欧洲，但他愿意帮5个人外加我。他签了一张一千美元的支票，叫我们在欧洲住7个星期。他还给我写了几封介绍信，嘱咐各地分行经理好好照顾我们。后来他还亲自去了巴黎，带我们游览全市。再后来，他还给几名家境贫寒的童子军介绍了工作。现在，他仍然积极地活跃在我们这个团体里。

“而我知道，如果那次我没找到他感兴趣的话题，先把他焐热，那他就会很难说话了。”

在商业中也可以使用这个价值连城的技巧，不是吗？我们来看看纽约迪韦努瓦父子面包批发公司的亨利·G. 迪韦努瓦的例子。

迪韦努瓦先生希望把面包卖给纽约的一家大酒店。四年来，他每周都去拜访酒店经理，酒店经理去哪个社交场合，迪韦努瓦也会去。他甚至订了房间住在酒店里，只为了谈成这桩生意。但他失败了。

迪韦努瓦先生说：“后来我学了人际关系学，决定改变策略。我决定找到他感兴趣的事，也就是能激起他的热情的东西。我发现他是一个叫作‘美国酒店接待员’的酒店高管协会的会员，他不仅是会员，而且热情地推进协会的发展，所以被选为协会的当地主席，后来又选为协会的国际主席。所以，不论它在哪儿开会，他都会在场。

“所以我第二天一见他，就开始聊协会。有什么反应？他跟我聊了半小时的协会，兴致极高。我明显地感觉到，这个协会不仅仅是他的兴趣所在，还是他生活的激情。在我离开他的办公室前，他已经‘卖’给我一个会员资质。其间我根本没有提到面包。但几天之后，他酒店里的膳务长给我打了电话，让我把价目表和样品送过去。

“膳务长招呼我，说：‘我不知道你对老伙计做了什么，但真的，你搔到他的弦儿了。’

“想一想！我跟这个人都跟了四年了，要做他的生意。假如我最后没有费力去寻找他喜欢什么，弄清楚他想聊什么，我就仍然在无限期地跟他呢！”

爱德华·E. 哈里曼，马里兰州黑格斯敦市人，退伍后选择了马里兰美丽的坎伯兰谷。不幸的是，当时那个地区待填的工作岗位比较少。哈里曼先生做了一点儿研究，发现了一件事，当地很多公司都是一个叫R. J. 芬克豪泽的商业奇才直接管理或由他控股的，他屌丝逆袭的崛起经历让哈里曼先生很感兴趣。但是，芬克豪泽向来不接见求职者，大家都知道。哈里曼先生写道：“我跟几个人聊过，发现他的主要兴趣点是对权力和金钱的追求。他把自己和我这样的人隔离起来，通过一个忠心的严厉的秘书，所以我研究了她的兴趣和目标，然后才未经通报直接去了她的办公室。她做芬克豪泽先生的环绕卫星大概15年了。当我跟她说我有个建议给芬克豪泽先生，也许它能为他带来金融和政治上的成功时，她开始热情起来。我也和她聊她在他的成功中的建设性贡献。聊完后，她安排我去见芬克豪泽先生。

“我走进他豪华的大办公室，决定不直接求职。他坐在一个雕花的大桌子后面，对我大吼：‘咋了，年轻人？’我说：‘芬克豪泽先生，我相信我可以为你赚钱。’他立刻抬高了头，请我坐在一张有软垫的大椅子上。我详述了自己的想法、要实现这些想法需要的条件，以及这些想法将如何促进他个人以及他的集团的成功。

“R. J. 立刻雇用了我，因为我了解他。我在他的公司成长了20多年，我们双方的事业都兴旺起来。”

聊对方感兴趣的话题，能给双方都带来好处。霍华德·Z. 赫兹格是员工沟通方面的领军人物，他一直遵循这个原则。当有人问他这样做有什么好处时，赫兹格先生回答说，他不仅能从每个人那里得到不同的回报，而且还有种大回报，那就是每次和一个人聊过之后，他的生活都更加丰满了。

原则五

聊对方感兴趣的话题。

09 一句话焐热人心

我要发一封挂号信，正在纽约市33大街和8号路交叉口的邮局排队。我看到邮务员好像很烦这份工作，称重量、贴邮票、找零钱、开收据，单调的折磨，年复一年。所以我想："我要试试，让他喜欢我。显然，要让他喜欢我，我得说些好话，不是关于我自己的，而是要说他。"于是我问自己："他有什么地方是我真心赞赏的呢？"这个问题有时候很难回答，尤其是面对陌生人，但对他来说，碰巧很容易。我立刻发现了一个值得我无限赞赏的地方。

他称我的信的时候，我热情地说："我真希望也有你这样一头好头发啊！"邮务员抬起头来，有点儿吃惊，然后换上了灿烂的笑容。他谦虚地说："没有以前好了。"我对他肯定地说，虽然可能比以前少了些光泽，不过现在依然很帅。他高兴极了。我们愉快地聊了几句，最后他对我说："很多人夸过我的头发。"我敢打赌，他那天中午出去吃饭的时候，一定是腾云驾雾的。我还敢打赌，他晚上回家后会和妻子聊这件事，还会对着镜子说："真是一头秀发呢。"

有一次我跟大家讲这件事，有人问："你想从他身上得到什么？"我想得到什么呢？我到底想从他身上得到什么呢？如果我们自私到那种可鄙的地步，无法分给别人一点儿快乐，无法传递一点儿真心的称赞，否则必有所图……如果我们的灵魂比一个小酸果儿还小，那我们就不可能不遭遇人生的失败，最终败得一塌糊涂，我们真的很配。

啊，对，我的确想从他身上得到点儿东西。我想要一种无价的东西。我得到了。我得到了那种感觉，感觉自己为别人做了一件事，而对方无论如何都不必也无法报答。这种感觉流淌起来，在我的记忆中哼唱，直到很久很久之后。

人们的行为有一条非常重要的法则，如果我们遵从它，就绝对不会遇到麻烦。实际上，如果遵循它，它将给我们带来数不清的朋友和持久的幸福。然而一旦违反这个原则，我们将会遇到一个个麻烦，无穷无尽。这条法则就是：永远要让别人感到他很重要。如前所述，约翰·杜威说过，"我很重要"的感觉是人性中最迫切的底层渴望。威廉·詹姆斯也说过："人性最深的原则，就是对尊重的渴望。"前面说过，正是这种冲动使我们和动物不同，人类的文明也由此而起。

哲学家们对人际关系的原理思考了数千年，而所有这些思考，可以归结为一个重要的训诫。这条箴言并不新鲜，它像历史一样古老。两千五百年前，琐罗亚斯德在波斯把它教给自己的门徒；24个世纪之前孔子在中国宣讲，而道教始祖老子在函谷关传授给他的徒弟；基督诞生前五百年，佛陀在圣洁的恒河边宣讲它，印度教的圣书在此一千年前也讲过；而耶稣则在19个世纪以前在犹大省的石山中教授它，耶稣把它总结成了一个思想，它也许是世界上最重要的一条法则了：你希望别人如何待你，你就怎样去对待别人。[1]

你想要周围的人都认同你，你想要别人认可你真正的价值，你想要感觉到在自己的小世界里你很重要。你不爱听不真诚所以廉价的奉承，你渴望真心的赞赏。你想要朋友和同事像查尔斯·施瓦布说的那样"给你真诚的嘉许，不吝啬自己的赞扬"。我们每个人都想得到。

所以让我们遵循这条"黄金法则"：希望别人怎么对待我们，我们就怎么去对待别人。那么，怎么做呢？何时？何地？答案是：时时刻刻处处。大卫·G. 史密斯，威斯康星州奥克莱尔人，

[1] 在心理咨询中常用到这个黄金法则。

在我们班上讲了他是怎么处理一个棘手问题的，当时他被派去打理一个慈善音乐会的餐饮摊。

“音乐会当晚我到达公园，发现两个脾气很坏的老夫人站在餐饮摊旁边。显然双方都觉得自己是餐饮摊的主管。我站在那里想到底该怎么办，这个项目的一个主办委员出现了，给了我一个募集箱，感谢我接管这一项，然后介绍了罗斯和简，说她俩是我的助手，然后就跑了。

“接下来是可怕的寂静。我意识到募集箱是某种权威的象征，我把它给了罗斯，解释说，我可能没法保管好钱，我觉得由她来负责会好一点。然后我建议简告诉两个被派来管饮料的小孩怎么用汽水机，我叫她负责那一块儿。

“当晚很高兴，罗斯高兴地数着钱，简则管两个孩子，而我则欣赏音乐会。”

你不必等到自己做了驻法大使或你们那片儿的野营会主席再使用欣赏的哲学。使用它，每天都会产生奇迹。比如，当我们点了炸薯条但女服务员端上来土豆泥时，我们可以说：“不好意思麻烦你了，不过我要的是炸薯条。”她大概会说：“不麻烦。”然后高兴地去换，因为我们展示了对她的尊敬。

换个小小的说法，比如“抱歉打扰一下”“你是否可以”“请问你是否愿意”“请问你是否介意”“谢谢”等，这些小礼貌用语是良好教养的胎记，给每天单调运行的生活机器加上润滑油。

我们再举个例子。霍尔·凯恩的小说，比如《基督徒》《大法官》《曼岛人》等，是这个国家早期最畅销的作品。千百万人读过他的小说，不计其数。他生在一个铁匠家里，一生只上过不到8年学，而他去世时是当时最有钱的文人。他的故事是这样的。霍尔·凯恩喜欢诗歌，所以全力读完了但丁·加百利·罗塞蒂的诗。他甚至还写了一篇演说稿，称颂罗塞蒂的艺术成就，还给罗塞蒂本人送去了一份。罗塞蒂很高兴。“任何有这样好的眼光，可以欣赏我的能力的年轻人，”他这样表示，“都一定很聪明。”于是罗塞蒂就请铁匠小子去伦敦做他的秘书。这是凯恩一生的转折点。在新的工作中，他结识了当时的诸多大文豪。他们的忠告使他受益，他们的鼓励给他启发，他开始了写作生涯，使自己的名字在天空中被颂扬。

他的家就是曼岛的格里巴堡，现在是全世界各国人民向往的旅游胜地，他留下了数百万美元的财产。但谁知道呢，假如他没写那篇歌颂大师的文章，他也就默默地死于贫穷了。

这就是力量，势不可挡的力量，发自内心的真挚赞美能够产生的那种势不可挡的力量。罗塞蒂觉得自己很重要，这不奇怪，几乎所有人都觉得自己是很重要的。如果有人能让他感觉自己是重要的，很多人的生命也许就改变了。罗纳德·J. 罗兰德，我们加利福尼亚分校的一个讲师，他同时还在别的地方教手工和美术。他给我们写信，说一个叫克里斯的学生在刚上手工课时的表现。

克里斯是个腼腆、安静的男孩，缺乏自信，这样的学生常常无法得到足够的关注。我同时还教一个高级班，能进这个班几乎就是一个学生的地位和特权的象征了，因为他们通过努力有权占有一席之地。

一个周三，克里斯正在课桌上勤奋学习。我真的感觉他心底藏着一把火。我问克里斯是否想进高级班。我简直无法描述克里斯的表情，这个羞怯的14岁男孩的情绪表露无遗，他努力抑制自己的泪水。

"谁？我吗，罗兰德先生？我够好吗？"

"是的，克里斯，你够好。"

这时我必须离开，因为我自己也快哭了。克里斯那天走出教室的时候，好像高了5厘米，他用明亮的蓝眼睛看着我，用积极的语气跟我说："谢谢你，罗兰德先生。"

克里斯教会了我一课，我将永远不忘。我们心底有种渴望，希望感觉自己是重要的。为了让自己不要忘记这条铁律，我做了个牌子，刻着："你很重要。"这个牌子挂在教室前面，任何人都可以看到。它还可以提醒我，我面前的每个学生都是同样重要的。

不争的事实是，你遇到的人，几乎所有人都感觉自己在某个方面比你强一点，而肯定能打动他们的心的，就是传达出：你认同他们在这一点上的重要性，你真心地认同。记住爱默生的话："我遇到的每个人都在某个方面长于我，故可为我师。"但可悲的是，那些成就感最缺乏根据的人，常会用闹腾和欺骗支撑他的自我，这可真够恶心人的。莎士比亚这样写道：

人，骄傲的人，暂时
假装自己有权威，
……
在上天的注视下耍着小聪明，
这让天使掩面而泣。[1]

---

[1] 天使为什么要哭泣呢？因为这些人注定无法上天堂，所以天使们会哭泣。或者可以这样解释：人人都有守护天使，守护天使不会遗弃人，而会为人犯的错感到难过。

我要说我的班上的三个职业人应用这个原则的事，他们取得了了不起的成果。第一个是康涅狄格州的律师（出于对亲戚的考虑，他不愿意透露自己的姓名）。参加课程不久，R先生就和妻子开车去长岛她娘家。她和一个老姑聊天后，一个人跑去几个年轻的亲戚家串门儿，把他一个人留在那儿。他接下来要去做一个专业的演讲，关于赞美原则的使用的演讲，所以他觉得不如跟这个老太太聊聊，也许能得到一些有价值的经验。于是他打量了一下房子，看是否能找到可以真诚赞美的地方。他问老姑："这房子是1890年建的，对吧？"

"是的，"她回答说，"就是那年盖的。"

"它让我想起我出生的房子，"他说，"非常漂亮，盖得很好，很宽敞。现在人们都不讲究这些了。"

"是啊，"老太太点点头，"现在的年轻人不讲究房子的美观了。他们只需要小公寓，能住人就行，开着车到处逛，而不散步。"

"这是梦想的房子，"她的声音有点儿颤抖，满含温柔的回忆，"房子是用爱浇筑的。老伴儿和我梦想了很多年才盖的。我们没有请建筑师，都是我们自己设计的。"

她领着R先生到处转。R先生对她四处旅行时收集的美丽珍宝表达了真诚的赞美，有苏格兰披肩、一套古式的英国茶具、英国瓷器、法国家具、意大利油画，还有一张曾经挂在法国一个城堡里的丝绸挂毯，她一生的珍藏。参观完房子，她带他去看车库，这里赫然停着一辆帕卡德牌汽车，还是崭新的。

“我老伴儿去世前不久，给我买的。”她轻轻地说，“他走后我再也没有坐过。你懂得欣赏美丽的事物，我打算把这辆车送给你。”

“啊，老姑，”他说，“我受宠若惊。我当然感谢您的慷慨，但我不能接受它。我甚至不是您的本家。我有一辆新车了，而你还有很多本家想要这辆帕卡德的。”

“本家！”她大叫，“是的，有一大家子人，他们想等我死了就可以得到这部车了，但他们永远不会得到。”

“如果你不想送给他们，在一个二手车商那里可以很轻松地卖掉的。”R先生告诉她。

“卖掉？”老姑哭了起来，“你觉得我会卖掉它？你觉得我会忍心看着陌生人把丈夫买给我的车开上大街？我做梦都没想过要卖。我想送给你，因为你懂得欣赏美丽的东西！”

R先生试图婉拒，却无法不伤害她的情感。老太太孤身一人住在一座大房子里，守着她的苏格兰披肩、法国古董，还有自己的回忆，她多么渴望有人能够认同她。她也年轻过，漂亮过，追求过。她曾经建成了一座温暖、充满爱的房子，她曾经从全欧洲收集东西来把它装饰得美美的。现在她老了，孤孤单单一个人，她渴望有人给她温暖，一点真正的欣赏，没有人给她。当她找到了温暖，就像在沙漠里找到了泉水，她的感恩无法言表，只愿把这辆最珍爱的帕卡德送给他。

我们再举个例子。唐纳德·M. 麦克马洪，纽约州瑞埃市刘易斯&瓦伦丁园艺景观设计公司总监，说了一件事。

> 我参加了“如何赢得朋友和影响他人”的课后不久，给一个著名法官做园景。主人出来指导了几句，说想在什么地方种两种杜鹃花。
>
> 我说：“法官，你有可爱的爱好，你那几只狗都很可爱。我听说你每年都在麦迪逊广场花园的比赛中拿很多蓝丝带。”
>
> 这几句赞美的话，效果惊人。
>
> “是的，”法官回答说，“我从狗身上得到很多乐趣，你要不要看看我的狗舍？”
>
> 他花了几乎一个小时带我看他的狗，和它们赢来的很多奖。他甚至拿出那些狗的族谱，解释是什么血统让哪只狗怎么漂亮，怎么机灵。
>
> 最后他转向我，问：“你有小孩儿吗？”
>
> “我有，”我回答说，“我有个儿子。”

“啊，他会不会喜欢小狗？”法官问。

“啊，是的，他会笑红了脸的。”

“好的，那我就送他一只。”法官宣布。然后他开始告诉我怎么养，然后他顿了顿说：“我这样说给你听，你会忘的，我给你写下来吧。”于是他走进屋去，花了一个小时又一刻钟的宝贵时间，打出族谱和喂养说明，送给我一只价值数百美元的小狗。这主要是因为我对他的爱好和成就，发自内心地赞赏。

柯达公司的创始人乔治·伊斯特曼，发明了透明胶片，使拍电影成为可能[1]，他积累了上亿美元的财富，是世界上最著名的商人。虽然有这样伟大的成就，他仍然和你我一样，渴望得到别人小小的认同。比如伊斯特曼在罗切斯特市建造伊斯特曼音乐学院和基尔伯恩剧院的时候，纽约优美座椅公司总裁詹姆斯·亚当森想获得订单，为这些建筑中的剧院装配椅子。亚当森先生打电话给建筑工程师，想通过他约伊斯特曼先生在罗切斯特见个面。亚当森到了以后，那个工程师说：“我知道你想要这个单子，但

[1] 拍电影需要胶片，现在虽然也有用数码摄像机拍摄的，但最好的电影还是会用胶片。而历史上最高品质的电影，很多都使用柯达公司的胶片。

我现在得告诉你，伊斯特曼很忙，有严格的时间节律，如果你占用超过5分钟的时间，就一点儿戏都没有了。所以，速战速决，赶快出来。”亚当森就准备这样做了。

被领进房间后，他看到伊斯特曼先生正伏案工作，处理一堆文件。伊斯特曼很快抬起头，摘下眼镜，走向工程师和亚当森，说：“两位早，有什么事？”工程师介绍他们认识，然后亚当森先生说：“我们等你的时候，伊斯特曼先生，我欣赏了你的办公室。如果我有这样一个房间，多么累都不介意。你知道，我是做室内木装修的，但我一辈子都没见过这么漂亮的办公室。”

伊斯特曼回答说：“你让我想起来一件事，我差点儿忘了。它很漂亮，对吧？刚建好的时候，我的确很享受，但我现在一进门就满脑子都是事儿，有时候连续数周都忘了打量它了。”

亚当森走过去用手摸了摸一块墙板。“这是英国橡木，对吧？英国橡木和意大利橡木质地略有不同。”

“是的，”伊斯特曼回答说，“进口的英橡，一个专门研究细木的朋友特别帮我挑的。”

然后伊斯特曼带他参观自己的房间，介绍尺寸比例、颜色、手工雕刻等。他都参与了设计和实施，才有现在的效果。他们停在一扇窗户前面，乔治·伊斯特曼指着外面的几个机构，谦虚地低声说：他通过这些机构帮助人类，罗切斯特大学、全科医院、伦敦顺势疗法医院[1]、友好之家、儿童医院。亚当森热烈地恭喜他，说他用自己的财富减缓了人类的痛苦。乔治·伊斯特曼立刻打开了玻璃橱，取出他拥有的第一台摄像机，这是他从一个英国人那里买来的发明。

亚当森问了个开放性的问题，问他当年是怎么努力起家的。伊斯特曼感慨地讲述自己穷苦的童年：守寡的母亲搞出租房，他自己则在一家保险公司做文职。贫穷的噩梦日夜袭来，他下定决心赚够钱，让母亲不再那么操劳。亚当森又找了几个别的问题让他回答，而他自己则只是听，专心地听对方讲自己发明干底片的实验故事。有时候要整晚做实验，只在等待化学反应起作用前的间隙小憩一下，甚至一忙起来，连续三天三夜衣不解带。

詹姆斯·亚当森是上午10点15分被领进伊斯特曼办公室的，进去之前被警告说，最多待5分钟。但是一个小时过去了，两个小时过去了，他们仍然在聊。最后，乔治·伊斯特曼转向亚当森说："上次我去日本，买了几把椅子，带回家放在了阳台上。阳光把漆晒脱了，所以有一天我去市里买了些漆回来，自己漆了一下。你要不要看我给刷成什么样了？好的。来我家一起吃个午饭

[1] 顺势疗法现在一般认为是伪科学，但当时的确是治好了很多人的，英国皇室尤其喜欢这种疗法。

吧，我给你看看。”午饭后，伊斯特曼先生把他漆的椅子拿给亚当森看。他从日本带回来的椅子，总共值不了几美元，但是亿万富翁乔治·伊斯特曼却为它们感到骄傲，因为那是他自己漆的。

椅子的订单高达9万美元。你猜谁拿到了订单？詹姆斯·亚当森还是竞争对手？从那时候起，一直到伊斯特曼先生去世，两人都是密友。

克劳德·马雷是法国鲁昂一个酒店的老板，他用这个原则为酒店挽回了一个关键员工。这个女人跟着他做了5年，是马雷先生和21名员工之间的重要纽带。当他收到一封正式的信，说她要辞职时，他着实慌了神。马雷先生说：“我非常吃惊，甚至是失望，因为我感觉对她挺公平的，满足了她的需要。她不仅仅是员工，还是朋友，所以我大概是忽视她了，也许对她比对别人更苛刻了些。我当然不能接受她无缘无故地辞职。我把她拉到一边说：‘博莱特，你明白我无法接受你辞职。你对公司和我来说都意义重大，你对这家店的成功来说和我一样大。’我当着所有员工的面重复这话，还请她到我家，在家人面前重复我对她的倚重。

“博莱特收回了辞呈，现在我比以前更能依靠她了。我还常常加强影响，通过夸赞她做的事情，传递给她一个信息：她对酒店和我来说有多重要。”

你想知道怎么让一个女人爱上你？啊，这里就有个一击即中的秘诀。不是我原创的，借自专栏作家迪克斯夫人。她有一次去采访一个名噪一时的重婚诈骗犯，他获得了23个女人的芳心及其银行存款（顺便说一句，是在监狱里做的采访）。当迪克斯夫人问他到底说了多少谎言才骗到这么多女人的芳心，他说自己没有说过瞎话，只是和她们聊她们自己。[1]

"聊对方的事，"迪斯累里，大英帝国最精明能干的首相之一，说道，"和人们聊他们自己，他们会听几个小时都不烦。"

原则六

使对方感到自己是重要的，要真心实意。

[1] 这一段在英文修订版中是没有的。

第三篇

如何有逻辑地说服他人

10 第一大忌：伤敌一万，自损八千

“一战”结束后不久的一个晚上，我在伦敦得到了一个价值无法估量的教训。当时我是罗斯·史密斯爵士的经纪人。大战期间，他一直是澳大利亚驻巴勒斯坦的王牌。战后不久，他再次震惊世界，30天飞遍了半个地球。之前从未有人尝试过这种壮举，整个世界都大为震动。澳大利亚政府颁赠了5万澳元给他，英国国王[1]封赐爵位，他一时成了联合王国国旗下最受瞩目的人。一天晚上，我参加了一个以罗斯爵士为名的晚宴。宴会上，坐在我旁边的一个人讲了一个笑话，主题可以归纳为一句话“无论我们怎样筹划，结局终归由神来安排”。

讲故事的人说，这句引自《圣经》。他错了，我知道那句话，明明白白，毫无疑问。所以，为了感觉自己很重要，显出我的本

[1] 当时澳大利亚是大英帝国的自治领。

事，我委任自己为“主动得罪人委员会”的大梁，纠正了他。他开始了连环炮：什么？莎士比亚说的？不可能！荒唐！这话是《圣经》上的。他就是知道。

讲故事的人坐在我右边，左首边坐的是我的老朋友弗兰克·加蒙德。加蒙德先生多年潜心研究莎士比亚，所以讲故事的人和我达成一致意见，让加蒙德先生来裁决。加蒙德先生听完，在桌子底下踢了我一下，然后说：“戴尔，你错了。这位先生是对的，那句话是出自《圣经》。”

当晚回家的路上，我对加蒙德先生说：“弗兰克，你明知道那句话是莎士比亚的。”

“是的，一点儿没错，”他回答说，“《哈姆雷特》，第5幕，第2场。但亲爱的戴尔，我们是在宴会上做客，为什么一定要去证明别人是错的呢？那会让他对你有好感吗？为什么非得让人丢脸呢？他并没有请教你的意见，他也不想要这个高见，何必争呢？永远不要太锋利。”说这句话的人教给我的这一课，我永远难忘。我不仅让讲故事的人不舒服，还把我朋友置于尴尬的境地。如果我不是那么好斗，那该多好。

这个教训正是我极度需要的，因为我原来是个好斗成瘾的人。我小时候就喜欢和我兄弟争辩，银河底下的任何事都要争一争。我在大学里学了逻辑学和辩论术，还参加各种辩论赛，讨论我的家乡密苏里的一切东西。后来我在纽约教辩论。甚至有一次，真不好意思说，我还打算写一本辩论术方面的书。那件事之后，我还听说、参加了成百上千次争辩，并见证结果。我从这一切中得到一个结论，天底下赢得争辩的唯一方法，就是不争辩。要避开争吵，就像避开响尾蛇和地震一样。争吵的结果，10次有9次，是双方辩手更坚信自己的观点正确无疑。

没有人能够赢得任何辩论，不可能赢的。你吵输了，就是输了，吵赢了还是输了。为什么？啊，假设你赢了对方，把对方的意见批得体无完肤，确凿地证明他不可理喻，那又怎么样呢？你感觉很舒服，但对方呢？你让他感觉卑微，你伤了他的骄傲，他会对你的胜利怀恨在心。如果他不想相信，即使理性上说通了，他也不会相信。

几年前，帕特里克·J. 欧海尔上了我们的课。他上学少，特别爱吵。他做过司机，来上课是因为转做卡车销售后，怎么努力都没什么业绩。略经询问，他说出了事实，他总是在和潜在客户不停地争辩、对抗。如果谁说他卖的卡车不好，他就会眼暴血丝，几乎立刻要掐住对方的脖子。那时候他常能吵赢。后来他对我说："我常边走出一个办公室，边说：'我真是教会了这个鸟人一点儿东西！'我当然给他上了一课，但我什么都卖不出去。"

我的第一个任务不是教帕特里克·J. 欧海尔怎么说话，更迫切的任务是训练他少讲话，避免和人争吵。欧海尔先生后来成了纽约怀特汽车公司的明星销售，他是怎么做到的？他亲口讲了自己的故事。

如果我现在走进人家的办公室，而他说："什么？怀特卡车，那不行，白送我也不要，我要买胡思特卡车。"我就会说："胡思特车确实不错，买了准没错。胡思特是大品牌，销售也都很实诚。"

然后他就没话说了，没必要吵了。他说胡思特车最好，我说的确是，那他就必须停住了。如果我同意他的观点，他就不能一下午都说"那种车才好""那种车才好"了。这样一来，胡思特的话题就停了，我可以聊聊怀特卡车的优点了。

要是在过去，一上来他就说那种话，我肯定冒火，满眼血色、红色、橙黄色。我会开始和他辩论，贬低胡思特。我越说胡思特不好，客户就越说它好，他越吵就越信赖竞争对手的产品。

现在回想起来，真不知道当时怎么可能卖得动东西。我浪费了数年的生命，到处辩论和争吵。我现在少说话。少说话很值钱。

智慧的老本杰明·富兰克林常说："如果你争辩、发怒、驳斥，你有时会胜利，但这是空欢喜，因为你将再也得不到对方的善意了。"所以自己想一下，你想要哪个，一种学术性的、虚假的胜利，还是另一个人的好感？你很难同时拥有两者。

《波士顿记录》有一期印了这一小篇含意深刻的打油诗：

这里躺着威廉姆·杰伊，
到死都说自己占理。
他占理，对到家了，一辈子这样；
他现在死了，就跟从没对过一样。

争论的结果可能证明，你是对的，对到家了，但这牵扯到改变对方的意志，所以，就算你是对的，也跟你错了一样徒劳。

弗里德里克·S.帕森斯，一个收入税咨询师，和一个政府税务稽查官争了一个小时，吵的是一笔9000美元的收入。帕森斯先生说，这9000块真是坏账，收不回来，所以不能征税。"坏账？拿出证据！"税官反驳道，"必须缴税！"

"那个税官冷厉、傲慢、固执，"帕森斯先生在班上说了故事之后评论道，"浪费了理性，无视事实。我们越吵，他越固执。所以我决定不跟他吵了，我换了话题，称赞他。我说'我觉得这件事，比起你必须裁决的那些真正的大问题来，实在是鸡毛蒜皮的小事。我自己也研究过税法，不过我是从书上学到的知识。我偶尔希望自己也能像你一样做税官，就能学到很多从书本上学不到的东西了。’我每个字都是真心的。

“‘啊。’稽查员在椅子上挺了挺腰，仰头，开始聊他的工作经历，聊了很久，讲他抓到的很多巧妙的假账。他的语气慢慢变得友好，很快就开始说自己的孩子。他临走的时候告诉我，他回去后再考虑考虑我的问题，过几天给我回复。

“三天后，他又来找我，通知我他决定不动我的税务申报单了。”

这个税务稽查员表现出了人类最普遍的一个弱点，他需要一种重要的感觉。只要帕森斯先生和他争，他就能通过大声宣示自己的权威来获得这种感觉。但只要他的重要性被认同了，争论就结束了，因为他的自我已经伸展了，他就变成了一个通情达理的人，很体贴。

佛陀说：“恨无法被恨结束，只能由爱终结。”误会从不会因为辩论清楚了而结束，误会的消除，只能通过智慧、策略、怀柔，以及真正想要看到对方视角的愿望。

有一次林肯斥责一个和战友起了严重冲突的年轻军官。林肯说：“一个决心有所成就的人，不会有时间和人一争长短。那会损害他的性情，剥夺他的自制力，这些后果是他无法承受的。

“大事不争，平等权利这样的大事，何必去争？小事不争，那些明显属于个人的小事，争它干吗？

“与其和狗争路而被咬，不如让狗一步。被狗咬了，就算把它打死，也治不好它咬你的那口。”

《零零碎碎》上给出了一些建议，如何避免把意见不合升级成争执。

欢迎不同意见。记住这句箴言：“如果两个人总是一致，其中之一必属多余。”如果有什么地方你没考虑到，对方提出来让你注意到，感谢他。可能这份不和是你犯大错之前的改正机会。

不要信任自己的第一直觉冲动。在意见不合时，我们的第一自然反应是抗辩。小心！保持冷静，小心你的第一反应。那是你最糟糕的瞬间，而不是最好的时候。

控制你的脾气。记住，我们以可以激怒一个人的东西来衡量这个人的大小。

先听。给对方说话的机会。让他们说完。这时不要拒绝、抗辩、争执，那只能增加障碍。

试着建立理解的桥梁，不要构建误解的深渊。

寻找共同点。当你听对方说完，先想想你们意见重合的区域和点。

要诚实。寻找你自己可以承认错误的地方，并说出来。为自己的错误道歉。这能使对方卸下心防，减少敌意。

一定要反复思考对方的观点，仔细研究。一定要用心，因为对方可能是正确的。

在这个阶段很容易就能考虑对方的观点，而不是奔突向前，摔个跟头，等对方来说:“早就跟你说过，你就是不听。”

真心地感谢对方用心了。任何人浪费时间来不同意你的观点，都和你一样关心这件事。把他们当作真心想帮助你的人，这样你可以把对手变成朋友。

拖延时间，给双方足够多的时间想透问题。建议今天晚些时候或明天什么时候再聊，到时所有的事实可能都已经明白了。为这次聊天做好准备，问自己一些很难的问题:

对方是否可能是对的？还是部分正确？他的主张或观点是不是有道理或价值？我的反应是会缓解问题，而不是挫伤对方吗？我的反应是会把对方推得更远，还是拉得更近？我的反应会提升好人对我的评价吗？我会赢还是输？如果赢了我会付出什么代价？如果我不说话，不和会自动熄灭吗？这个困境是不是我的一个机会呢？

歌剧男高音简·皮尔斯，结婚快50年的时候，有一次说：“我和妻子很早以前做过一个协定，我们一直遵守，无论双方变得如何激动，‘一个人吼的时候，另一个就得听着’。因为如果两人同时吼，就没有交流了，只有噪声和负能量。”

原则一

赢得争论的唯一方法是避免争论。

11 第二大忌：一句惹怒全世界的话

西奥多·罗斯福执掌白宫的时候，曾经坦白说，如果自己75%的情况下是对的，就达到他最大的期望值了。

如果这个最高预期，是来自20世纪最引以为傲的风云人物，你我又如何呢？如果你能确定，自己总能做对55%，你就可以去华尔街做操盘手，一天赚一百万美元了。如果你不能确定自己有55%的正确率，那么为什么要指责别人错了呢？

而人们可以用一个眼神、一个语调或者一个姿势，充分地告知对方他错了，比语言更加有力。如果你说对方错了，你是在让他们甘心服你吗？不！你直接一拳打在他的智力、判断力、骄傲和自尊上了。这样，他们最想做的就是反击，绝不会想改变主意。然后你可以搬出从柏拉图到伊曼纽尔·康德的所有逻辑来跟他理论，但你绝对无法改变他的观点，因为你伤害了他的情感。

绝对不要开口说：“我会向你证明这个或那个。”太糟糕了，这话等于是说：“我比你聪明，我要教你一两件事儿，把你的思想掰直了。”这是下战书啊，它会迫使对方抵抗，在你开口前就已经做好战斗准备了。即便使用最温和的措辞，也很难改变别人的意志，那么，为什么要火上浇油呢？为什么要作茧自缚呢？如果你想证明什么，别让人知道。悄悄地做，巧妙地做，做到没人感觉你在证明什么。亚历山大·蒲柏说得很中肯：“要教人东西，就得好像自己不是老师；要说得好像对方不是不知道，而是他早就知道，但忘了。”三百年前伽利略说过：“你教不会任何人任何事情，你只能帮助他发现自己心里早就存在的东西。”切斯特菲尔德爵士对儿子说：“尽量比别人更有智慧，但别告诉他们这件事。”苏格拉底一遍一遍地对雅典的学生们说：“我只知道一件事，那就是我一无所知。”我可不能指望像苏格拉底一样睿智，所以我只是不说别人错了，而我发现，这个方法很值钱。

如果一个人说错了话，你觉得错了，甚至你已经肯定它错了，这样开口会不会好些：“啊，现在，你看，我有另一种想法，虽然我可能是错的。我常犯错，如果我错了，我想及时纠正。让我们再检查一遍事实。”“我可能错了，我常犯错，让我们仔细看看事实。”这种措辞是魔法棒，有积极的魔力。天上、地下、水中都没有任何人反对你说这话。

我的学员哈罗德·雷因克就使用这个方法和顾客打交道，他在蒙大拿州比灵斯经销道奇汽车。他说，汽车行业压力很大，他常常冷淡、冷酷地对待客户的投诉。这让客户大发雷霆，他丢了很多生意，总体感觉不开心。他在课堂上说："当我意识到这么干很快就会有不可预知的恶果，我改变了策略。我会说这种话：'我们在经销中犯了这么多错误，所以我常感到惭愧。如果我们在您的情况里犯了错，请告诉我们。'

"这招能使对方卸下心防，而到了顾客开始发泄情绪的时候，他常能更加理性地解决问题了。实际上，几个客户感谢我，因为我太能理解他们了。还有两个客户，甚至带朋友来买新车。在竞争白热化的市场上，我们需要更多这样的顾客，而我相信，向顾客的所有观点表示尊重，礼貌而有策略地对待他们，将能帮我们赢得竞争。"

承认自己错了，你就绝对不会遇到麻烦。这能熄灭争辩，启发对手像你一样公平、开放、有器量。这会让他想承认，其实自己也难免犯错。

如果你明确地知道一个人的确错了，就贸然告诉他，会发生什么？我举个例子。纽约的S先生是个年轻的律师，最近在美国最高法院为一个大案（勒斯特加滕诉美国舰队公司）出庭，案子牵涉巨额资金和一个重要的法律问题。庭辩中，一个大法官问他："海军法律规定申诉期限是6年，对吧？"

S先生停了一下，盯了法官一会儿，突然说："法官阁下，海军法律中没有相应规定。"

“法庭立刻静了下来，”S先生在班里讲当时的情形，“室内气温似乎瞬间降到了冰点。我是对的，法官错了，我直接告诉了他。但那让他变得友善了吗？不，我仍然相信自己是占法理的，我知道我那次的辩护做得最好。但我没说服法官。我犯了一个巨大的错误，告诉一个非常博学的大法官，他错了。”

很少有人特别理性，大部分人都带着偏见和成见，被先入为主的观念、羡慕、猜疑、恐惧、嫉妒和骄傲染色，大部分人不愿意改变他们的宗教、发型、主义，甚至电影明星偶像。所以，如果你总想说别人错了，那就请每天早餐前读一段话，来自詹姆斯·哈维·鲁滨孙的开智书《未成型的心灵》。

我们偶尔知道自己会毫无阻力地改变主意，没有什么沉重心情，但如果有人说我们错了，我们就会因为对指责的憎恨而铁下心来。我们在形成信念时很随意，随意得叫人吃惊，但当任何人提出要剥离这些信念时，我们就会充满保卫它们的可怕激情。显然，并非那些想法很重要，而是我们的自尊受到了威胁……

“我的”这个小词，对人所有的一切都是最重要的字眼儿，学会正确使用这个词，是智慧的开端。无论是在“我的”饭、“我的”狗、“我的”房子、“我的”父亲、“我的”国家还是“我的”上帝中，这个词都有同样的力量。我们不仅讨厌别人说我们的表走快或慢了，或我们的汽车太破，而且还讨厌别人说我们对火星上的运河的知识是不对的，我们对柳醇的药用价值的知识是不足的，或者我们对萨尔贡一世期间的大事件的了解需要更新。

如果我们习惯性地认为一件事是对的，就会想继续相信它是对的，当有人怀疑我们的任何一条假定，就会惹起憎恨，让我们搜索各种借口，好继续相信下去。结果就是，大部分所谓的理性，都是在搜寻继续相信从前相信的事情的论据。

卡尔·罗杰斯，著名心理学家，在他的书《个人形成论》中写道："我发现，如果我让自己去理解对方，其价值是无限的。我这么措辞，你可能觉得奇怪。难道必须让自己去理解对方？我认为是的。面对别人说的任何话，我们的第一反应不是去理解它，而是去评判其价值，或做判断。当有人表达自己的情绪、态度或信念，我们总是几乎立即心想'多棒''好蠢''太不正常了''毫无道理''说得不对''太糟糕了'。我们很少让自己真的理解对方说那话到底是什么意思。"[1]

[1] 出自卡尔·R.罗杰斯的《个人形成论》(霍顿·米福林出版公司，波士顿，1961)，pp. 18ff.，略有改动。

这种略有改动的引用，和间接引用还不太一样，在欧美文化氛围内使用较多，大概相当于一种修辞，可以叫套用或解述或模仿讽刺之类的。

有一次，我请一个室内装饰师给我家配一套壁毯。账单送来后，我很失望。几天后，有个朋友来我家，看了看那套壁毯。提到价钱，她幸灾乐祸地大叫："什么？太糟糕了！恐怕他坑你了。"真的吗？真的，她说的都是真的，但很少有人愿意听这类实话，论断自己的判断能力。所以，作为一个人，我竭力为自己辩护。我说，最贵的才是最好的，在大甩卖中捡的便宜货不可能有什么品质和品位，诸如此类。

第二天，另一个朋友来我家，她欣赏那套壁毯，热烈赞扬，说她真希望自己也能买得起这么高品质的作品，给家里装饰一下。我的反应完全变了，我说："我自己也买不起，买贵了，订的时候没问价格，现在有点儿后悔。"

当我们犯了错，或许我们会对自己承认。如果被别人温柔和有策略地对待，我们也会向他们承认，甚至以自己的坦率和开明感到骄傲。但是，如果有人硬要把苦涩的事实塞进我们的喉咙，那就完全不一样了。

内战时期，最著名的大编辑贺拉斯·格里利和林肯政见不和，强烈反对他的政策。他相信，通过争辩、嘲笑和辱骂，可以逼迫林肯就范。他发动了这场猛攻，月复一月，年复一年。实际上，在布思刺杀林肯总统的那天晚上，他还写了一篇刻薄讥讽的个人攻击，非常粗鲁。那么，这些刻薄使林肯屈服了吗？根本没有。

嘲笑和辱骂根本没起任何作用。

如果你想要一些很棒的建议，如何与人相处，如何管理自己，如何修炼自己的人格，可以读一读本杰明·富兰克林的自传，美国文学史上的经典。本·富兰克林讲了他是怎么克服自己好辩的坏习惯，变成美国历史上最能干、最优雅的大外交家的。

那时候的本·富兰克林还是个冒失的小伙儿。一天，一个老贵格会朋友把他拉到一边，用几个刺痛人的真理结结实实地训了他一顿，他说："本，你太不应该了。你说话的方式，会刺痛任何和你意见不合的人。你把他们都得罪光了，已经没人理你的意见了。你的朋友们觉得，没有你的时候，才会高兴一些。你懂得太多了，没人能比你强。的确，没人会试着告诉你另一些事，因为那种努力会很困难，只能带来不舒服。所以，除了你的知识，你不太可能知道更多了，而只有你自己的知识是远远不够的。"

我认为富兰克林身上最优秀的地方之一，就是他接受了这个刺耳的批评。他的心够大，够聪明，意识到这是对的，他感觉自己正冲向失败，知识再多也终将遭到人们的厌弃。所以他开始改向，立即行动起来改变自己固执无礼的说话方式。

"我定了一个规矩，"富兰克林说，"克制和任何人的情绪直接对抗，克制任何自夸的断言，我甚至克制自己，不使用英语中任何绝对性的字词，比如'当然''无疑'等，我改用'我想'‘我觉得’或‘我理解’某件事是这样或那样的，或者‘目前我感觉是这样的’。当有人在说一些我觉得不对的事，我会放弃突然驳倒他并立即指出他的说法的荒谬性的乐趣，而是委婉地说：在某些特定情况下或场合中，他的观点是对的，但以目前的情况，我感觉好像还是有点儿特殊……我很快就感觉到了说话方式的改变带来的好处。我跟谁都能聊得很愉快。我总是温和地提意见，对方总会乐意接受，很少有抵触。而如果是我说错了，感到的懊恼也少多了，而如果我碰巧对了，则能很容易地使对方放弃自己的错误观点，接受我的见解。

“这个模式，起初实施时是很难的，我的天性强烈地抵触，但后来变得如此容易，再后来则成了一个习惯。在过去的50年里，可能没有一个人听我说过一句武断的话。我觉得正是这个习惯（以及我更重要的正直人格），使我每次提出新法案或修订旧条目时，我的话总能在人民中间占很大的分量，它还使我参加众议院时变得如此有影响力。我不擅长演讲，没有口才，不精通词汇的选择，语法还老用错，但我总是能够赢得人们的赞同。”

本·富兰克林的方法用在工作中又会怎样？我们举两个例子。凯瑟琳·A. 奥莱德，北卡罗来纳州国王山人，是一个纺纱厂的工业工程总监。她在我们班上讲了自己是如何处理敏感问题的，上这个课之前和上过课之后。

“我有一项职责，”她说，“就是建立和维护激励机制和标准，使他们能够生产更多的纱线并拿到更多的钱。当时使用的制度一直都不错，因为只有两三种纱，但最近我们扩大了品种和产量，能同时生产12种，现行机制就不再有效了。它无法公平照顾工人们的工作，无法有效刺激产量。我建立了一个新的制度，能根据工人生产的纱的品级进行奖励，不管是什么时间干的。我手里拿着新的制度，进入会议室，决心向管理层证明，这个制度是最佳方案。我详细地说了他们以前到底错在哪儿，指出他们不公平的地方，以及我手里拿着他们所有问题的答案，这正是他们急需的。不用说，我败得一塌糊涂。我疲于支持自己的新制度，疲于抗辩，因为我根本没给他们留下任何台阶，可以优雅地承认旧制度存在的问题。死局了。

“上了几节课后，我充分意识到到底哪儿出错了。我发起了另一场会议，这次我先问他们，觉得旧制度的问题在哪儿。我们讨论了每一条，然后我问他们的意见，最好的改进方法是什么。我见缝插针地低调地提出我的建议，让他们自己讨论出了我的新制度。会议的最后，当我拿出我的制度，他们热烈地接受了。

“我现在坚信，如果你直接指出别人的错误，不会有好事发生，反而有害。你只是成功地剥夺了对方的自尊，使自己陷进泥潭，人们不爱跟你好好说话了。”

让我们看第二个例子（不过别忘了，我只是举几个典型的例子，从成千上万人的经历中挑选出来的）。R. V. 克罗雷是纽约一家木材厂的销售，公司就他一个销售。他坦白说，他多年来一直在告诉那些一本正经地装懂的木料验收员他们错了，他总能辩赢，但一点儿好处都没得到。“因为那些木料质检员，”克罗雷先生说，“觉得自己就像球赛裁判，说一不二，打死不改口。”

克罗雷先生看到公司赔了成千上万美元，就因为他一次次吵赢了。所以，上了我们的课后，他决定改变方针了。他不吵了。结果呢？这是他在班上讲给同学们的故事：“有一天早上，我办公室的电话响了。一个愤怒的顾客打来的，他很烦，说我们送去他厂子的木头完全不合格。他们已经停止卸货，并要我们马上把他们院子里的货物拉走。卸了1/4车的木料后，他们的木料质检员说，比规格低55%；在这种情况下，他们有权拒绝收货。

“我立刻赶往那家厂子，在路上盘算着怎么才能处理好这件事。往常遇到这种事，我会背诵规格标准（因为我自己做了很多年的木料质检员，不缺知识和经验），试图说服这个验收员，木料绝对够标准。但这次我想试试在培训课上学到的原则。

“我到了工厂，看到采购员和验收员脾气都很糟糕，好像已经准备好跟我吵一架或干一架了。我们一起走到正在卸货的木料车旁边，告诉他们继续卸，让我看看到底怎么回事。我请那个质检员继续检查，把不合格的放在一边，就像刚才他做的一样，而把合格的放在另一边。

“我看了一会儿，慢慢就明白了，他好像没弄清规格，他的标准其实太高了。我知道这个质检员在硬木方面学得很扎实，但在白松方面却缺少经验，其实他不够合格。白松碰巧是我的强项。那么，我直接反对他评价木料的尺度了吗？没有。我就看着，慢慢开始问他问题，为什么这块木料不合格。我从未暗示他错了。我说，这样问只是为了将来再送木材时精确地知道他们想要什么样的木头。我很平和地询问那个质检员，以一种合作的态度，不断地坚持说，挑出不合格、不适用的木料是绝对正确的。他的心就焐热了，我们之间紧张的关系开始融化，然后紧张就完全消失了。我间或会极其自然地插上一两句字斟句酌的话，使他慢慢意识到，拒收的那些木料可能实际上是他们的埋单规格内的。他所要求的那种规格，实际上是更贵级别的。但我说得很小心，不让他觉得我把这说成一件大事。

“渐渐地，他整个态度都变了。他最后对我坦承，自己在白松方面缺少经验，然后指着每块卸下来的木料向我讨教问题。我就和他解释，为什么这一块是这个规格内的，但又不断地说，如果不合用，他们是可以拒绝收货的。最后，他到了这样一个地步，每把一根木料放进拒收的那一堆，他都感到很惭愧。最后他明白了，原来错在他，没有弄清楚自己要的到底是哪个等级的。最后的结果是，我走了之后，那个质检员又翻了一遍整车的木料，全部验收合格。我拿到的支票是全额款项的。

“单从这件事上来看，有点儿策略，绝对不告诉对方他错了，给公司挽回了一大笔钱，而双方留下的好感，则是无法用金钱衡量的。”

一次有人问马丁·路德·金，作为一个和平主义者，为什么他崇拜空军司令丹尼尔·查皮·詹姆斯，而不是美国官最大的黑人。金博士回答说：“我以他们的行事原则判断他们，不是我自己的。”类似地，罗伯特·E. 李将军[1]有一次在南方联邦总统杰弗逊·戴维斯面前，热情地盛赞自己手下的一个军官。另一个军官震惊了。“将军，”他说，“你不知道你高度赞扬的那个人，是最强烈反对你的一个敌人吗？他中伤你可从不会错过任何机会。”“是的，”李将军回答说，“但总统问我对他的评价，而不需要他对我的评价。”

顺便说一下，这一节揭示的，不是什么新道理。两千年前，耶稣说：“要赶快与你的对头和解。”基督降世两千两百年前，埃

[1] 有人读到这里会觉得很奇怪。林肯和格兰特是正义的一方，那么南方的李将军自然是坏人了，为什么卡耐基会赞扬李将军呢？

这种看问题的方式，是错误的。美国内战的双方，都是高贵、勇敢的人。南军并不是坏人，他们也有自己的尊严，是为了自己的信念作战。李将军作为毕业于西点军校、视军人的荣誉比生命还重要的人，是一个宁愿战死沙场也不愿意投降的人。而这种高贵，也是格兰特将军所敬佩的。他们是英雄惜英雄的敌手，即使在受降仪式上，格兰特也不愿让李将军难堪，一直对李将军毕恭毕敬。他是作为一个高贵的人而高贵，而不是作为一个被打败的对手而不义。

及王阿克托依训诫太子时给出了一个忠告，我们今天也极其需要那智慧的忠告。国王规劝道："要有策略，才能让人同意你的观点。"也就是说，不要和客户、配偶、敌人争辩。不要说他们错了，不要让他们激动起来。要使用一点儿策略。

原则二

尊重对方的观点，永远别说"你不对"。

12 拆招卸力

从我家走不到一分钟，就能看到一大片野生的树林，少有人涉足。春天来了，繁茂的黑莓簇拥着白色的花朵，松鼠在那里筑巢养育孩子，加拿大乍蓬长得能到马头那么高。这片净土叫森林公园，可能和哥伦布发现美洲时一样。我常带着雷克斯去公园散步，它是一只波士顿小斗牛犬。它是一只友好、无害的小狗。因为在公园里很少见到人，所以我带它去的时候，不拴链子或不戴口笼。

有一天，我们在公园里遇到一个骑警，一个急于展示自己权威的警察。他斥责道："你的狗不拴狗链，不戴口笼，在公园里乱跑什么？你什么意思？你不知道这是违法的吗？"

我柔和地回答说："是的，我知道这违法，但我想它不会伤害到谁。"

"你想！你想！法律可不管你他妈怎么想。你的狗可能会伤害这里的松鼠，或者咬到小孩。这次我饶了你，下次还让我抓到你没给狗拴链子、戴口笼，你就得去跟法官解释了。”

我顺服地答应会照做的。我真的照做了几次。但雷克斯不喜欢口笼，我也不愿意，所以我们决定碰碰运气。一开始没事儿，后来终于碰到了钉子。一天下午，我正和雷克斯在斜坡上跑，突然看到了那个法律权威骑着他的枣红马。太倒霉了。雷克斯远远地跑在我前面，直朝他跑去。

必须面对了。我知道。所以，我没有等警察开口，自己先说了：“警官，你抓了我个现形。我很后悔，我没什么可说的，没有任何借口。你上周警告过我，如果再不戴口笼就罚款。”

“啊，其实，”警察用柔和的语调回答，“我能理解，又没有人，让那么一只小狗撒个欢儿，还是蛮有诱惑力的。”

“的确没忍住，”我回答，“但这触犯了法律。”

警察反替我辩护，劝我说：“啊，那么一只小狗，不会咬人的。”

“不，但它可能会伤害松鼠。”我说。

“好吧，其实，我觉得你把这事儿看得太严重了。”警察对我说，“我告诉你怎么办吧。你就让它跑过山头去吧，我看不到了，就当没这回事儿。”

这个警察是个人，想要“我很重要”的感觉。所以，当我开始指责自己，唯一可以滋养他的自尊的，就是表现宽宏的态度，展示自己施惠的能力。假如那时我跟警察争论……呃，你吵赢过警察吗？

我没主动去碰他的钉子，而是承认他是完全对的，我是绝对错的。我立刻坦白自己的错误，带着愧疚感。这件事圆满结束了，我说了他本来要说的话，而他则为我辩解。这个骑警上周还搬出法律来吓唬我，这次却原谅了我，他的这份宽宏，恐怕切斯菲尔德勋爵[1]本人也难以匹敌。

如果知道自己一定会挨骂，主动替对方责备自己，是不是更好呢？而听自己责备自己，是不是比听别人骂自己更容易接受呢？在对方有机会开口之前，先说说自己所有的缺点，你知道对方在想这些，想说这些，正打算说。你替他说透，他就没话可说了。有99%的机会，你能收到大度的原谅态度，你的错误将会尽量降低，就像那个骑警对我和雷克斯做的一样。

费迪南·E. 沃伦，一个插画师，用这一招赢得了一个暴躁难处的买画人的善意。“要为广告或印刷行业作图，精准是很重要的。”沃伦讲这件事时说，“有些美术编辑要活儿很急，这时就难免出点儿小错。我知道一个艺术总监，尤其喜欢找碴儿，总是在挑小毛病。每次离开他的办公室，我总是恶心得要死，不是因

[1] 英国外交家兼作家，风流倜傥，在英国是讲究礼仪的典范。

为他的意见，而是因为他喜好攻击人。最近我给这个大编辑送去了一幅快作，他打电话叫我立刻去他办公室，他说有什么地方不对。我到了之后，发现正如我所料，我挺害怕的。他一脸怒容，好像要抓住机会咆哮、批评一番。他恼怒地要我解释，为什么我这么画，那么画。机会来了，我可以试试一直在学的自我批评技巧。所以我说：'先生，你说的是对的，我的确错了，我犯了错，没有任何借口。我为你作画很多年了，本应更加了解的。我感到很惭愧。'

"他立刻为我辩解：'是的，的确如此。不过，毕竟这不是严重的错误，只是一个……'

"我打断了他。'任何错误，'我说，'都招人烦，都要付出代价。'

"他开始插嘴，但我不让他说。我那次挺高兴的。我这辈子第一次在做自我批评，我喜欢这种感觉。'我本该更小心的，'我继续说，'你照顾我不少生意，应该得到最好的。你应该得到你所满意的东西，这一幅我带回去，重新再画一幅。'"

"'不，不，'他反驳道，'我不会给你添那么多麻烦的。'他开始说这幅就特别好了，他保证只需要改一个小地方，而这个错儿太小了，即使不改也不会让他们公司遭受任何损失。毕竟，只是一个小细节，不需要太顾虑。

"我急于批评自己，就把他要干架的那股子气都放跑了。最后，他请我吃午饭，我离开的时候，他签了一张支票给我，还让我为另一个项目作画。”

有勇气承认自己的错误，会产生某种满足感。它不仅能让内疚感和自卫感一扫而光，还常能解决错误所带来的问题。

布鲁斯·哈维，新墨西哥州阿尔伯克基市人，签错了字，给一个请了病假的员工付了全额工资。他发现自己犯错后，就告诉了那个员工，解释说要在下次的工资里全额扣除这次多给的。那个员工请求说：如果一次性扣除全部，自己会遭遇经济困难，能不能分批扣？哈维解释说：要那样做的话，他需要得到自己的老板兼顶头上司的准许。

“而我知道，”哈维说，“这样做会让老板爆发一通。在斟酌怎么处理好这件事时，我意识到，整个烂摊子都是我的错，而我必须跟他承认。

“我走进他的办公室，告诉他我犯了个错，现在想告诉他所有的事。他大发雷霆说，人事部怎么能犯这样的错。我重复说，是我的错。他又爆发了，说财务部干活怎么这么粗糙。我第三次解释说，是我的错。他就责备了办公室里的另外两个人。但每次我都重复一遍，那是我的错。最后，他看我一眼说：‘好吧，是你的错。搞定它就行了。’错误纠正了，没人陷入麻烦。我感觉很好，因为我成功地处理了一个很棘手的情况，没有给自己找借口。自此，老板更加尊重我了。”

所有愚蠢的人都会努力寻找原因来为自己犯的错误辩解，大部分愚蠢的人都能找到，而承认自己犯的错，能让你位居群氓之上，自己也会感到一种高贵和大气。举个例子，罗伯特·E. 李将军的一生之中，最动人的事莫过于，他把皮克特进攻葛底斯堡的失败归咎于自己，说只怪自己。

皮克特的那次战斗，无疑是西方世界见识过的最漂亮、最恢宏的一场战斗。乔治·E.皮克特将军本人就非常漂亮。他一头褐色的长发，几乎飘在肩上，还像拿破仑进攻意大利时一样，在战场上还不忘天天写他灼热的情书。在七月那个惨痛的下午，他得意地骑着马向北军的阵营方向奔去，帽子轻快地搭在右耳朵上，英姿飒爽，赢得全军衷心的喝彩。大军高歌而随，争先恐后，方阵井然，军旗飘飘，阳光下刺刀粼粼。真有军威啊！“不愧是员猛将！”“英姿飒爽！”北方联军看到，也忍不住一浪浪低声地赞美。

皮克特带领军队稳稳地向前推进，横扫果园、农田，穿过草地、峡谷。敌人的炮火把军阵撕开一个个大口子，但他们继续推进，威风凛凛，势不可当。

突然，埋伏在公墓岭的山石后面的北军步兵现身了，一排排子弹从后方射向皮克特前突的军队。山顶顿时烈火熊熊，宛若火山爆发，又像屠宰场。几分钟之内，皮克特的旅长就死得只剩一个了，他的五千雄师少了4/5。

刘易斯 · A. 阿米斯特德将军，带领残军最后一搏。他冲向敌人，跳上石墙，把军帽挑在刺刀上，大喊："弟兄们，杀啊！"他们做到了。他们跳过石墙，拼刺刀，用枪托砸碎敌人的脑袋，终于把南军的旗帜立在了公墓岭上。战旗只飘了一会儿。虽然短暂，但那是南军的最高纪录了。

皮克特的进攻，虽然勇猛、光荣，但南军从此兵败如山倒。李失败了。他无法再前进一步了，他知道走到头了。南军被诅咒了。李极为悲痛，震惊之余，他给南方的总统杰弗逊 · 戴维斯递上了辞呈，说自己老了，请他另派"年轻的贤明之士"。

但李的高贵让他无法责怪别人。当皮克特的败军拖着断臂残肢回到南军的阵营，罗伯特 ·E. 李只身单骑去迎接，致敬残军。他谴责自己，不啻崇高。"这都是我的错。"他坦白，"是我一人之过，招致了惨败。"历史名将中，有勇气和人格这样承认的人并不多。

迈克尔 · 张是我们香港课程的讲师，他讲了一件事，说明了中国文化中的特有问题，以及有必要认识到，使用原则有时比遵循旧传统要更有利得多。他有个中年学员，和儿子多年不和。这个当爹的，以前吸鸦片上瘾，现在戒了。在中国传统中，长辈不能先低头。父亲觉得儿子有义务先来求和。在更早的一期里，这位父亲告诉学员们，自己从未见过自己的孙子，自己多么想和儿子重归于好。他的同学都是中国人，理解他的渴望和既定老传统之间的矛盾。父亲觉得年轻人应当尊敬长辈，所以克制自己的愿望是对的，一定要等儿子低头。

最后一堂课上，这个父亲又在班上讲话了。“我仔细想过了，”他说，“戴尔·卡耐基说：‘假如你错了，立刻真心诚意地承认。’现在承认错误已经晚了，不算‘立刻’了，但我可以真诚地承认。我伤害了我的儿子。他不想见我，不想认我，是对的。请后辈原谅我，我会丢脸，但的确是我的错，我有责任认错。”课堂上响起了掌声，都全力支持他。第二次上课，他讲了自己怎么去儿子家乞求并得到原谅的。现在他和儿子重归于好，他终于见到了自己的儿媳和孙子们。

埃尔波特·贺巴德是全国知名的作家中，最特别的一个。他的文字满含讥讽，所以常会激起强烈的憎恨。但贺巴德有一套独创的待人技巧，常能化敌为友。如果有读者写信给他，愤怒地说不同意某篇文章中的某个观点，埃尔波特·贺巴德就会这样回复：

现在细想之后，我自己也不完全同意。昨天的我写的东西，并不都让今天的我喜欢。我很高兴你能告诉我关于这个问题的想法。下次你来附近，务必来我家看我，我们好好聊聊这个问题，一定会搞清楚的。遥遥地握住你的手。

我是你真诚的朋友。

如果有人这样对你说话，你还会说什么？如果我们是对的，让我们巧妙温柔地使对方赞同我们，但当错的是我们（这很常见，如果我们对自己诚实，就知道它频繁得惊人），我们要及时真心实意地承认我们的错误。这个技巧产生的效果，会让你吃惊的。而不管你信不信，在这种情况下，承认自己应当承担的那部分错误，远比努力为自己辩解，要更加有意思得多。记住那句老话："争执则一无所得，认错则大喜过望。"

原则三

假如你错了，立刻真心诚意地承认。

13 开口前结局已定

在气头上对人撒火，发泄了情绪肯定感觉挺舒服的。那么对方会怎么样？他会像你一样爽吗？你那咄咄逼人的语气和满满的敌意，会让对方服软吗？“如果你握着拳头来找我，”伍德罗·威尔逊总统说，“我觉得我能保证，我的拳头会比你更硬。而如果你来找我说：‘咱俩坐下商量一下，看看为什么意见不同，主要问题是什么。’我们很快就能发现，其实分歧并不大。分歧很少，重叠的意见则很多。只要想接着合作，一点儿诚意和耐心就能让我们继续。”

没人比约翰·D. 洛克菲勒更赞同伍德罗·威尔逊的话了。洛克菲勒在1915年是科罗拉多州最声名狼藉的人。那是美国工业史上一次最血腥的罢工，震惊全州两年之久。愤怒的矿工们吵着要由洛克菲勒控股的科罗拉多州煤铁公司提高工资。厂房被毁，军队被调来镇压。流血了，死人了，尸体上满是子弹，分不清谁是谁。

空气中弥漫着仇恨，在这种情况下，洛克菲勒想让矿工们同意自己的观点。他做到了。怎么做到的呢？事情是这样的。洛克菲勒花了几个星期结交朋友，然后对工人代表们说了一番话。这番话完全是件艺术品，效果惊人。工人们仇恨的怒涛本来是要生吞了他的，现在则平息了下来。这番话还为他赢得了很多崇拜者。它用极其友善的方式罗列事实，结果工人们对奋力争取的涨工资一事一言未发，就都回去工作了。

这番了不起的话，我们会把其开头写在下面。请注意它流露出多少友好。记住，洛克菲勒这番话的对象，几天前还恨不得随便找棵酸苹果树就吊死他，但他表现出的仁慈和友善，就像对一群传教医生[1]在讲。他的话里全是“能站在这里和大家见面，我感到很荣幸”“我去了你们家”“见到了很多人的妻儿”“我们是朋友，并不陌生”“我们是朋友，出于友谊”“我们共同的利益”“承你们不嫌弃我才能站在这里”等措辞。洛克菲勒开始说了：

这是我这辈子很重要的一天，这是我第一次有幸和这么

[1] 什么叫传教医生？以前的传教士，往往都很博学，精通天文历算，尤其需要懂医学。因为懂得医学，可以为他们在远方获得更多的尊重。著名代表就是汤若望，他历经明清两代，尤其深得康熙重用。汤若望在宣武门附近修建的大教堂（南堂）至今仍是北京最大的教堂之一。洛克菲勒在北京修建了北京协和医院，当时配备的医生都是国外的医学专家，而这些专家又都是基督徒。

大的一个公司的员工代表们、管理层和股东们一起开会。请相信，能站在这里和大家见面，我感到很荣幸，有生之年将永远记住。

如果这个会开在两周前，我站在这里，你们大部分人就都不认识我，我也只认识几个人。而上周我有机会拜访南煤场的整个营区，和诸位代表一一私下聊过，当然，不包括当时不在的几个。我去了你们家，见到了很多人的妻儿。所以今天在这里见面，我们是朋友，并不陌生。因为我们是朋友，出于友谊，我很高兴有这个机会和你们聊一聊我们共同的利益。

因为这个会议是公司管理层和工人代表的会议，所以，承你们不嫌弃我才能站在这里，因为我既不是管理人员也不是代表。但我觉得，我和你们的关系都很近，因为在某种意义上讲，我既代表董事会又代表管理层。

这难道不是化敌为友这门艺术的一个绝佳例子吗？设想洛克菲勒使用另外一套会发生什么。他去跟矿工们争辩，把灾难式的后果摔在他们脸上，装腔作势地影射他们错了，或者使用最严密的逻辑推导证明他们错了，会发生什么？恐怕会激起更多的愤怒、更多的仇恨、更多的反抗。

如果一个人从内心里很烦你、讨厌你，就算用上全天下最无懈可击的逻辑也无法说服他同意你。爱骂人的父母、爱控制人的老板和丈夫、爱唠叨的妻子们应当意识到，如果人们不想改变自己的意志，没有任何办法可以把他们掰得和我们想的一样。但他们可以被引导着屈服，当我们变得柔和而友好，更柔和而友好时。

林肯实际上在一百年前就说过这话，原话是："老话说得对：'一滴蜂蜜比三升胆汁能够捉到更多的飞虫。'如果你想赢得一个人同意你的观点，就得先让他确信，你是一个真诚的朋友。这样，你就有了一滴蜂蜜，抓住了他的心，这才是让他启用理性的正确大道（你用别的比喻也行）。"

企业家懂得，对罢工工人友好，是很值钱的。比如，怀特汽车公司的2500名工人组织工会，为了涨工资罢工时，当时的总裁罗伯特·A. 布兰克并没有震怒、辱骂、恐吓，或者斥责工人们的暴虐。实际上他赞美这些罢工的人。他在克利夫兰的媒体上登了一则广告，称赞他们"放下手中工具的和平方式"。他看到工会的纠察员闲着没事做，就买了几十根球棒，以及配套的棒球手套，请他们在空地上打球。还有些喜欢打保龄球的，他就租了一个保龄球道。

布兰克先生友好的态度，产生了友好一般会产生的效果——它产生了友好。罢工工人们借来扫把、铁铲和垃圾车，开始清扫工厂里的火柴棍、纸屑、烟头、雪茄蒂。想象一下！工人们正在罢工，为涨工资而斗争，要求承认工会，但同时他们在打扫工厂的地面。这种事在美国暴风骤雨式的劳资战争史上，从来都没发生过。罢工一周内就结束了，签了个协议，没留下一丝恶意和怨恨。

丹尼尔·韦伯斯特长得宛若天人，说话就像耶和华一样，他是一个最成功的辩护律师。但他在做最有力的辩论之前，总是先用这种友好的话做引子："敬请陪审团考虑""这也许值得思考""有几点事实我相信诸位没有忽略""以诸位对人性的了解，将能很容易认识到这些事实的意义"。没有威胁，没有高压方式，没有试图强迫对方接受自己的观点。韦伯斯特使用的是柔和、低调、友好的方式，这使他闻名美国。

你可能永远不会被请去解决一场罢工或在陪审团面前辩护，但也许你想降点儿房租。用这种友好的方式，会不会帮到你呢？让我们看看。O. L. 斯特劳布觉得房租太贵了，但他知道房东是个老顽固。"我给他写了封信，"斯特劳布在班上的演讲中说，"告诉他我租期将满，即将搬走。其实我并不想搬，如果能降点儿房租的话，我还是愿意继续住下去的。但我知道前途并不乐观，希望不大，因为其他房客试过，结果都失败了。他们告诉我，房东很难对付。但我心想：我正在上如何待人的课，不妨就在房东身上试试，看效果怎么样？

“一接到我的信，他就带了秘书来见我。我出门相迎，非常热情。我开始跟他聊天，充满善意和热情。我没有上来就说房租太高。我聊的是我多喜欢他这房子。我赞美他管理房子的方式，告诉他我非常愿意再续一年，但我负担不起了。

“显然从未有房客这样欢迎过他，他几乎手足无措。然后他跟我讲他遇到的很多困扰，很多房客总是埋怨他。其中有一个给他写了14封信，有些简直就是直接辱骂。另一个则威胁他，如果不让楼上的人停止打鼾，他就退租。‘多么欣慰啊，’他说，‘有你这样一位对我感到满意的租客。’然后，我甚至没有要求他那么做，他主动给我降了一点儿房租。我觉得降得不够，于是说了我能够承受的数字，他没多说一句话就接受了。

“临走时，他转向我，问：‘房子有什么需要我装修的地方吗？’

“如果用其他房客的方式要求减租，我相信我会遭遇和他们一样的失败。是友好、体贴和赞赏的方式帮我赢的。”

迪恩·伍德考克，宾州匹兹堡人，他是当地电力公司某部门总监。一次，他们部门被派去修电线杆上的一个设备。这种工作以前是由另一个部门负责的，最近才转到伍德考克的部门。虽然他的人也受过相关训练，但这是他们第一次收到任务进行实操。公司里每个人都很感兴趣，想看看他们到底怎么处理。伍德考克先生、几个下属经理还有公司其他部门的几个人，一起去看操作。

很多轿车和卡车停在这里，很多人在围观电线杆上的两个人。

往周围一看，伍德考克发现大街那头儿，有个人从车里钻出来，拿着照相机，开始现场拍照。公司的人很注重公关。突然，伍德考克意识到，拿相机的那个人会怎么看这件事——爆料，几十个人被叫出来，干一份两个人就能干的活儿。他走过大街，走向那个照相师。

“我看到您对我们的工作很感兴趣。”

“是的，我妈妈会更感兴趣的。她持有你们公司的股份。这会给她开开眼。她甚至能决定，自己的投资是多么不明智。我告诉她好几年了，像你们这样的公司，有不少多余动作。这就是证明。媒体也会喜欢这些照片的。”

“我们这么干的确不对，是吧？如果我是您，我也会那么想的。但这是个特殊情况……”

迪恩·伍德考克继续解释，这是他们部门第一次做这种工作，从高层到员工人人都很好奇。他使对方相信，一般情况下，只会派两个人来干这活儿。照相师收起照相机，和伍德考克握了握手，感谢他花时间给自己解释这个情况。迪恩·伍德考克的友好方式，使公司免于陷入尴尬和坏名声。

我们另一个学员杰拉尔德·H. 温，新罕布什尔州利特尔顿人，说了一件事，他使用友好的方式，满意地解决了一次损害赔偿。

“那是早春，”他说，“下了一场不同寻常的大暴雨。水本来该流向附近的排水沟和马路边的下水道，但大地还没从冬天的冰冷中融化，所以雨水改道，冲向一块建筑用地，我最近刚在这里盖了新房。

“地基周围的水越积越多，水压越来越高。水压进了地下室，压爆了水泥板，地下室里一片汪洋，结果壁炉和热水器就毁了。修复这些破损，花的钱超过2000美金。我没有保险覆盖这种损失。

“但是，我很快发现，这块地的主人没有在附近修建常规的泄洪通道，如果有的话，这种事就不会发生了。我和他约了时间见面。在赶往他25英里外的办公室的路上，我仔细回想了整个情况，还把在课上学到的原则牢记于心。我很清楚，大发雷霆不会有任何价值和结果。我到了之后，表现得很克制，上来就聊他刚刚度过的西印度群岛的假期。然后，当我觉得时间到了，我提了提水灾的‘小’问题。他马上答应，要尽自己那份义务，纠正问题。

“几天后，他打来电话说，他会赔偿损失，还会补修一条泄洪通道以预防这种事再次发生。

“虽然这是这片地的主人的问题，但是如果之前我表现得并不友好，让他同意承担全部责任将会困难得多。”

很多年前，当我还是一个赤脚走过密苏里州西北部的树林去乡村学校上学的小孩时，我读过一个关于太阳和风的寓言。他们争论谁更强大。风说："我会证明我更强大。看到下面那个穿大衣的老人没？我保证自己可以比你更快地脱下他的大衣。"太阳躲进云后面，大风就开始吹起来，越吹越大，最后几乎变成了飓风。但他吹得越厉害，老人把大衣抓得越紧。最后，风不得不静下来。这时太阳从云后面露出脸来，温柔地对着老人微笑。老人很快擦了擦额头上的汗，把大衣脱了下来。于是太阳对风说：温柔和友善，永远比暴怒和强力更有力量。

学会了"一滴蜂蜜比三升胆汁能够捉到更多的飞虫"的人们，每天都在证明温柔和友善的作用。F. 盖尔·康纳，马里兰州卢瑟维尔人，见证了这一点。当时他第三次把才买4个月的车送去经销商的维修部。他在班上说："显然，说理、辩论和大骂维修部的经理，问题都不会有什么满意的结果。我走进展销厅，要求见经销店的店主，怀特先生。等了一会儿后，我被领进他的办公室。介绍完自己后，我跟他解释说，我从他的店里买了这辆车，因为我有朋友以前和他打过交道，所以推荐我在他这里买的。朋友告诉我说，这里的价格很有竞争性，售后服务也相当到位。他高兴地笑着听我说。然后我解释了一下问题，我和维修部之间的问题。'我觉得你可能想了解任何问题，如果它可能给贵店的名声带来污点。'我补充道。他感谢我让他注意到了这个问题，并向我保证，他会好好解决我的问题的。他不仅亲自解决，还在我的车的维修期间把他自己的车借给我用。”

伊索是古希腊克罗伊斯王庭的奴隶，在基督降生600多年前编写了不朽的寓言。但他在2600多年前对人性的领悟，就像今天在波士顿和伯明翰的教导一样真切。太阳比风更能使人脱去外套，善良的方式和友好的赞赏，更能使人改变心意，比暴跳如雷更为有效。记住林肯的话：“一滴蜂蜜比三升胆汁能够捉到更多的飞虫。”

原则四

先说友善的话，气氛对了之后再说别的。

14 如何引导对方的思路

与人谈话，别上来就聊你们意见相左的部分，不妨上来先关注双方重合的地方，而且要一直强调它们。如果可以，就一直强调，双方追求的是同一目标，不同的只是方法而不是目的。使对方一开始就说“对”“是的”，如果可以，尽量不把“不”字逼出他的嘴。“回应一个‘不’字，”奥弗斯特里特[1]教授说，“就增加了一堵难克服的墙。当人说‘不’字时，人格中所有的骄傲都在逼他必须坚持到底。即使刚脱口就意识到自己错了，他也会考虑自己那珍贵的骄傲。一旦说一件事，你就觉得必须坚持到底。所以，最最重要的事情就是，开始时绝对不能让对方说‘不’字，要在一开始就把积极的方向确定好。”

聊天高手，一开始就能让对方说很多个“对”，这让听到这

[1] 哈利·A. 奥弗斯特里特，《影响他人的行为》的作者。

个词的双方，开启了一个心理过程，导向正确的方向。这就像一颗台球的运动。它一旦朝一个方向运动起来，要转向就得有外力，要叫它反向就更难了。这里的心理模式非常简单。当一个人说“不”且心里真的这么想时，那就不只是声母加韵母的一个字了，他所有的器官组织（腺体、神经、肌肉）都集结完毕，进入抗拒的状态。说“不”时，内脏器官都会产生收缩动作，或不愿开放，一般不明显，偶尔会很明显。总之，整个神经系统都准备好好拒绝接受任何外来思想。相反，当一个人回答“对”，就不会产生收缩。所以，一开始能够引出的“对”越多，我们就越能牵住对方的思路，将其成功地引向最后的建议。假如逼得对方一开始就有“不”字，不管他是学生、顾客、孩子、丈夫还是妻子，要软化这份支棱起来的抗拒感，就需要神一样的智慧和耐心了。

詹姆斯·艾卜生，纽约市格林威治储蓄银行的出纳，运用“对”“对”的技术挽回了一个差点儿失去的储户。艾卜生先生说：“他进来开户，我给了他一张格式表格来填，有些问题他回答得很干脆，但有些问题直接拒绝回答。如果换作没有学习人际关系之前，我会告诉这个潜在储户，如果他拒绝提供信息，银行只能拒绝给他开户。以前老做这种错事，我很惭愧。当然，说那种硬话会让我感觉很得意，我宣示了谁说了算，银行的规章不容轻视。但那种态度当然不能让走进来照顾我们生意的人感到受欢迎和被尊重。

“那天上午我决定应用一点儿常识。我打算不聊银行要什么，而聊他的需要。总之，我打定主意让他上来就说几个‘对’。所以我同意他那么做。我跟他说，他不想填的信息其实并非绝对必要。‘但是，’我说，‘如果您去世后账上还有钱的话，你是否想让银行根据法律转给有权继承的直系亲属呢？’

“‘对，我当然想。’他回答。

“我接着说：‘万一您去世了，我们要准确无误地执行您的遗嘱，那您是否觉得把您直系亲属的姓名留给我们是个好主意呢？’

“他又说：‘嗯，那倒是。’

“这个年轻人的态度软化了，改变了，当他意识到我们要这些信息不是为自己要的，而是为了他。他离开前，不仅填了完整的信息，还接受了我的建议，开了一个信托账户，用他母亲的名义，他母亲是受益人。他还高兴地回答了所有关于他母亲的事情。

“我发现，让他上来就回答‘对’，他就忘了争执的问题，很高兴做所有我建议他做的事了。”

约瑟夫·埃里森，威斯丁豪斯电气公司销售代表，说了一个他自己的故事：“在我负责的地区，有一个人，我们公司特别想做他的生意。我的前任跟了他10年都没谈成任何生意。我接管这一地区之后，花了3年的时间去拜访都毫无结果。13年不间断的访问和商谈后，他才买了几台电机。如果这能做到，买几百台也应该不是什么问题。我就是这么想的。

“对不对呢？我知道能卖出去。所以当我三周后再去他那儿时，我斗志高昂。

“结果总工程师迎头一句，让我很震惊：‘埃里森，你别的电机我就不要了。’

“‘为什么？’我吃惊地问，‘为什么呢？’

“‘因为你的发动机太烫，烫得摸不得。’

“我知道争辩不会有任何结果，我过去做过太多那种事了。现在我想用那个策略，让他回答‘对’‘对’。

“‘啊，请看，史密斯先生，’我对他说，‘我100%同意你的话，如果电机运行起来特别烫，就不要再买了。你需要的电机，温度不能超过国家电气生产商协会规定的标准，对不对？’

“他同意。我得到了第一个‘对’。

“我又说：‘电气生产商协会规定，标准规格的电机，运行中不得高于室温72华氏度[1]，是不是？’

“‘对，’他同意，‘相当对。但你的电机太烫了。’

“我没和他争，只是问：‘车间的温度多高？’

[1] 大约22摄氏度。

"'啊，'他说，"大约华氏75度[1]。'

"'啊，'我回答说，'车间内温度75度，再加上72度，共147华氏度[2]。如果你把手放进147华氏度的热水里，会不会烫手啊？'

"他又说了一个'对'。

"'啊，'我建议，'那您别摸它不就行了。'

"'我猜你是对的。'他同意了。我们又聊了一会儿，他把秘书叫来，为第二个月订了3500美元的货。

"我花了很多年的时间，丢了不知道多少万美元的生意，最后才明白，争论并不会带来钱，而站在对方的角度看问题并设法让对方说'对'，才是最值钱的，也最有意思。"

艾迪·斯诺，是我们在加利福尼亚州奥克兰市的课程承办人，他讲了一个故事，自己是怎么变成一个商店的常客的，因为店主总是让他说"对"。艾迪对弓箭狩猎很感兴趣，在当地一个弓箭商店买了很多装备。他兄弟来走亲戚的时候，他想从这家店里租一套弓箭。但销售员说他们不出租，所以艾迪给另一个店打电话。艾迪描述了事情的经过：

"一个很讨喜的绅士接了电话。我问有没有租的，他的回答

[1] 大约24摄氏度。
[2] 约64摄氏度。

和前一家完全不同。他说很抱歉，但他们已经不出租弓箭了，因为赔钱。然后他问我以前是否租过，我回答说：‘是，几年前吧。’他提醒我说，我大概花了25—30美元的租金吧。我又说‘对’。然后他问我是否是一个不爱多花冤枉钱的人。我自然回答‘是’。他就接着解释说，他们有成套的弓箭，所有必需装备都有，才34.95美元。多花4.95美元，就能买一套，这可比租强多了。他解释说，这就是他们不再出租的原因。我是否觉得那合情合理呢？我的‘对’的回应，引导着我买了一套，当我到店里来拿的时候，我又多买了几件东西。后来我就成了他家的常客。”

苏格拉底，“雅典的牛虻”[1]，是有史以来世界上最伟大的哲学家之一。他对历史的贡献，历史上一堆人之和都无法匹敌。他彻底改变了人类思想史的进程。而今天，他去世24个世纪之后，仍被尊为人事纷扰中最睿智的说服者之一。

他的方法？他说对方错了吗？啊，没，苏格拉底不干那事，他太有技术了，不会干那种事。他的全部技术，现在称为“苏格拉底法”[2]，其基础就是让对方说“对”。他询问一些对方必须回答“对”的问题，并不断让对方肯定回答，直到有一大堆“对”。

[1] 雅典人是牛和马。苏格拉底是牛虻，专门叮咬雅典人。
[2] 又叫助产法、产婆术等。

他不断问问题，直到最后，对方突然发现自己拥抱了一个几分钟前还坚决否认的结论，在几乎不知不觉的状态下。下次当我们忍不住要说对方错了，让我们想想老苏格拉底，温柔地提问，问一些能让对方回答“对”的问题。

中国人有句格言，充满了东方悠久的智慧：“轻履者行远。”[1]他们以五千年的深厚文化研究人性，才能沉淀出如此的大智：“轻履者行远。”

原则五

先让对方回答“对”“是的”。

[1] 实际上“轻履者行远”的喻意，并不是卡耐基说的这层意思。卡耐基的理解是：说话不能硬、直、愣、直捣黄龙，否则走不到终点，达不到目的。

15 贵人语迟[1]

很多人为了说服别人，说了太多的话。其实应当让对方把话说完才行。他们对自己的事和问题，比别人懂得多。所以问他们问题，让他们告诉你一些事。如果你不同意，也许忍不住插嘴，但不要这样做，很危险。他们倾诉的欲望还没结束，他们还有很多话没说，就不可能注意你想说什么。所以，耐心地听，打开你的心灵。要真诚，鼓励对方充分说完。

这种策略在商业中是否值钱？我们来看看。这里有个销售代理的故事，他是被迫使用这个技术的。美国最大的一家汽车公司，要购进第二年所需的坐垫布料，大家正在谈判。有三大厂商送来了备选的样品。汽车公司的管理层一一验看后，通知三家厂商，在哪天各派一个代表来做最后陈述，这是决定选哪个供货商的最后机会。

[1] 这个思想在《马云、俞敏洪、潘石屹，他们跟你想的不一样》中有另一个角度的论述。

G. B. R. 是其中一家厂商的代表。到了城里后，他突然患了急性喉炎，很严重。“轮到我见管理层时，”R先生在班上讲这件事时说，“我都失声了，几乎说不出话来。我被领进房间，见到了纺织工程师、采购经理、销售部主任、公司总裁。我站起来要慷慨陈词，结果只有沙哑的声音。他们围着一张桌子坐着，所以我写了一张纸：‘先生们，我嗓子哑了，说不了话。’

“‘我替你说吧。’总裁说。结果他就说了。他把我的样品一一展开，称赞各自的优点。他们开始热烈讨论我的商品的价值。总裁是替我说明的，所以在讨论中成了替我说话的人。我能做的只有微笑、点头和比画。

“这个怪异的会议结束后，我拿到了合约。订单是50来万平方米的坐垫布，总价160万美元。这是我一辈子做过的最大的一单。我知道，如果不是我失声了，肯定签不成合同，因为我对整件事的理解有误。我无意中发现，让对方说话，这个策略真是太值钱了。”

在家庭环境中也可以像在业务中一样，让对方说话，这总能帮助解决问题。芭芭拉·威尔逊和她女儿劳里的关系正迅速恶化。劳里曾经是个安静、自信的孩子，现在十几岁了，变得执拗，偶尔好斗。威尔逊夫人对她说教、威胁、惩罚，都不管用。“一天，”威尔逊在班上说，“我要放弃了。劳里不听我的话，甚至还没完成家务就跑出去找她的女伴了。她回家后，我真想骂她第一万次，但都没力气了。我只是看着她，伤心地说：‘为什么，劳里，为什么？’

“劳里注意到了我的情况，平静地问：‘你真想知道吗？’我点头，劳里先犹豫了一下，然后一股脑地都发泄了出来。我从未这样听她说过话。我总是在告诉她要做这个，要做那个。当她想告诉我她的想法、她的感觉、她的意见，我就会打断她，给她命令。我开始意识到，她需要的是我，不是一个发号施令的母亲，而是一个可以推心置腹的人，倾诉她成长中的所有困惑。我在本该听的时候，一直在说。我从未想听她的心声。

“从那次起，我就让她说自己的一切，无论她想说什么。她告诉我自己在想什么。我们的关系迅速进步，好得不得了。她又开始听话了。”

纽约一份报纸的经济版上出现了一大则广告，要招聘一个有特殊能力和经验的人。查尔斯·T. 库贝里斯看到了广告，向指定的信箱写了封信应聘。几天后，他接到复函约他面试。去应聘前，他花了几个小时在华尔街打听该公司创始人的所有事迹。见面后，库贝里斯说：“如果能加入像你们一样历史骄人的公司，将是我极大的荣耀。我知道你们28年前成立时，房间里除了一张桌子和一个速记员外，什么都没有，那是真的吗？”

几乎每个有所成就的人，都喜欢回忆自己早年的奋斗。这个人也不例外。他聊了很多他当初怎么用450美元现金和一股意志起家的。他说自己怎么和失败以及嘲笑做斗争的，周末和假日不休息，每天工作12—16小时，以及他最后如何渡过难关的，直到现在，华尔街最大牌的金融家都来向他请教。他对自己一生的纪录感到骄傲。他有感到骄傲的权利，而聊这种骄傲让他真的很开心。最后，他对库贝里斯先生的经历问了几句，然后把一个副总裁叫进来说："我想这就是我们要找的人了。"库贝里斯先生费力气去打听未来老板的成就，他对对方及其问题表示了关切。他鼓励对方多说，比自己说得更多，这就留下了良好的印象。

罗伊 · G. 布拉德雷，加州萨克拉门托人，他的问题正好相反。一个特别优秀的销售员跟自己聊天，他就听着，结果那个人就进了自己的公司。罗伊说："我们是一个小经纪公司，没有附加福利，比如病假、医疗保险和退休金。每个销售代理都是独立代理。我们甚至无法引领他们，因为我们无法像那些同行的大公司一样为公司做宣传。理查德 · 普莱尔有我们需要的经验，他最适合做这个岗位。他是我的助手先面试的，助手跟他说了我们所有的劣势。他好像有点儿失望，当他走进我的办公室时。我说到了进入我们公司的一个好处，也就是成为一个独立的合伙人，所以实际上自己就是自己的老板。

“结果他就开始说进入我们公司的好处，慢慢地说服了自己，把前一关面试中的负面思想一点点清除掉了。好几次，他在思考每个想法时，好像都是在跟自己聊天。有时候我忍不住在他的想法上加上一两句。但是，面试结束后，我感到他已经说服了自己，他想为我们公司工作，完全是他自己说服自己的。

“因为我是个好听众，让迪克自己做了大部分的聊天，他就能自己公正地衡量利弊，最后得出肯定的答案了。他给自己创造了一个值得去克服的挑战。我们雇用了他，他一直是我们公司最杰出的销售代理。”

即使朋友也更愿多聊自己的成就，甚于喜欢听我们吹自己。法国哲学家拉·罗什富科说过：“如果你想树敌，你就胜朋友一筹；如果你想要朋友，就让朋友胜你一筹。”为什么是这样呢？因为当朋友感觉胜我们一筹，他们就会感到自己很重要；而当我们处处一较高低，他们就会感觉自卑和嫉妒，至少有些人是这样的。[1]

迄今为止，纽约市中街猎头公司最受欢迎的猎头是亨丽埃塔·G.，但以前并非如此。在她进入公司的前几个月里，亨丽埃

[1] 让朋友自己去发现你的成就，才能避免这件事。假如你想让朋友嫉妒你的成就，那就张扬一点。张扬会让嫉妒油然而生，而当你倒了霉，即使最亲密的朋友也会有一种恶意的快感。是的，有些朋友看到你遇到困难，可能比看到你成功更感欣慰，这就是张扬的过错。而谦让、谦虚，才能让人永远喜欢你，愿意和你接近，而你的成就不会成为友谊的绊脚石，他们会以你的成就为荣而不是嫉妒它。

塔一个朋友也没有。为什么？因为她每天都说自己又安置了一个什么什么样的人，又开了几个户，以及她取得的各种成就。

“我很擅长这行，我为此感到骄傲。”亨丽埃塔在课堂上说，“但同事们仿佛并不能分享我的成功，他们仿佛很憎恨它们。我想让人们喜欢我。听了这门课上的一些建议之后，我开始少谈自己了，我开始更多地听同事们聊。他们也有事情值得骄傲，他们跟我说他们的成就比听我说我自己的成就时要兴奋得多。现在，我们闲聊时，我请他们分享自己的快乐，而我只在他们问到时才提自己的业绩。”

原则六

尽量让对方多说。

16 洗脑术：如何让人深信不疑

你自己发现的观点，是不是比别人用银盘子装着端给你的观点更值得相信呢？如果是，把自己的意见硬塞进别人的喉咙，是不是不明智呢？那么，给建议，然后让对方自己得出结论，是不是更明智呢？

费城有个汽车展厅，销售经理叫阿道夫·塞尔兹，是我们的一个学员。一天他突然面对一个事实——销售团队意志涣散、缺乏纪律，他必须灌输一些热情。他召开了销售大会，敦促他的手下反馈意见，到底大家想让他做什么。大家先说，他再把建议都写到黑板上。然后他说："我会拥有你们想要我拥有的所有特点，现在我想让你们告诉我，我可以从你们身上期待什么。"很快就有了答案，忠心、诚实、勇敢、乐观、团队合作、每天8小时富有激情的工作状态。会议后，人们有了新的勇气和激情，有个销售员主动每天工作14个小时，而塞尔兹先生对我说，销售业绩的增幅非常可观。

“团队和我做了一次精神上的交换，”塞尔兹先生说，“只要我做好我那份，他们就一定能做好他们那份。而问他们对我的希望和期望，就是他们需要的那剂强心针。”

没有人喜欢被说服去买一个东西，也没有人喜欢被命令去做什么。我们都很喜欢认为，自己是在根据自己的个人意志或观念在买东西。我们喜欢别人问我们希望什么，我们需要什么，我们有什么观点。拿尤金·韦森来举个例子。他失去了不知道多少万佣金，才学会了这个道理。韦森先生为一个工作室卖作品，这个工作室为设计师和时装厂作画。3年来，他几乎每周都去拜访纽约的一个领袖设计师，一周一次。“他从来都不拒绝见我，”韦森先生说，“但他从来不买。他总是仔细看我的画，然后说：‘不，韦森，我觉得今天我们还是无法合作。’”

失败了150次之后，韦森意识到，肯定是自己精神上有局限，所以他决定每周花一晚上，学习如何影响他人的行为，帮助自己发展新的观念，产生新的热情。

学完后他决定试试。他胳膊下面夹着艺术家们的6张半成品，走进买主的办公室。“我想请你帮我个小忙，如果你愿意的话。”他说，“这里有几张没画完的。不知道您愿不愿意告诉我，怎么完成，才能符合你的需要？”买主看了半天那些画，一句话没说。最后他说："你把这些画放在这里几天，韦森，回头再来找我。"韦森3天后回来，听了他的建议，把画拿回画室，按照买主的理念完成了。结果呢？全都卖了。

那次之后，这个买主又从韦森这里订了几十幅，都是按照买主的理念作就的。"那时我才知道为什么好几年都卖不动，"韦森说，"我总是要他买我觉得他需要的东西。然后我完全改变了策略。我让他说自己的意见。这让他感觉，是他在创作那些设计。的确是他在创作。所以不是我卖，是他在买。"

让对方觉得理念是自己的，不仅在商场和官场管用，在家庭生活中也管用。保罗·M. 戴维斯，俄克拉何马州塔尔萨人，在班上讲了他应用这个原则做到的事情。

"我们全家上次放假去观光旅行，过得非常开心，从没这么开心过。我们早就想去看看葛底斯堡内战的历史遗迹、费城的独立宫和我们国家的首都了。福吉谷、詹姆斯敦和在威廉斯堡重建的殖民时期的小村落，是我最想去看的地方。

"三月份，我的妻子南希说，暑假怎么过，她有些主意。好几年了，她一直都想去西部各州转转，看看新墨西哥、亚利桑那、加利福尼亚和内华达州的名胜。但显然我们不能两条线都走了。

"我们的女儿安妮刚刚在初中学完美国历史课，她对改变了这个国家的成长的历史事件[1]非常感兴趣。我问她，能不能下次放假再去她知道的那些地方。她说自己真的很想去。

“两个晚上过后，我们坐在餐桌旁，南希说，如果大伙儿没什么异议，暑假旅行就去东部各州，那对安妮来说会是一次伟大的旅行，对全家来说都激动人心。我们意见一致了。”

一个X光仪器制造商用这一技巧，卖给布鲁克林最大的一家医院一套设备。医院正准备扩建，打算装备一台美国顶级X光仪器。负责X光部的L医生，被销售代理围攻，每个人都猛夸自己的设备。但其中一个厂商更有技巧。他比别人更懂怎么对待人性。他写了封信，大概是这个样子的：

> 敝厂最近刚完成了一条新的X光机生产线，第一批仪器已运来我处。不敢说十分完美，我们知道，所以我们很想加以改良。所以如果您能拨冗来我处参观，给出改良意见，以更好地服务于你们的工作，我们将万分感激。我们知道您平时很忙，所以时间请您来定，我随时乐意派车来接。

“接到信后我很吃惊，”L医生在班上说这件事的时候说，“我

[1] 都发生在美国东部。

既惊讶又感觉被恭维了，从来没有哪个X光仪器制造商要我给建议的。这让我感觉自己很重要。我那周每晚都很忙，但我取消了一个晚饭的约会，就为了去看看他的仪器，我越看那套机器，就发现自己越喜欢它。

“没人想把它卖给我，我感觉为医院购置这套机器，完全是我自己的意思。我卖给自己这套机器，凭的是它的高性能，所以我就买了，安装了。”

拉尔夫·沃尔多·爱默生在散文《论自助》中说：“在每个天才作品中，我们认出被扔掉的自己的思想，那些思想回到我们身边，隔着一层尊严。”

在伍德罗·威尔逊掌控白宫时，爱德华·M. 豪斯上校在内政外交方面都有很大的影响力。威尔逊总统在所有大事上都跟他私下商量，他依靠豪斯上校，远大于依靠他的内阁。豪斯上校用了什么方法影响总统？我们很幸运地了解了这方法，因为豪斯对亚瑟·M. 豪登·史密斯透露过，而史密斯在《星期六晚报》上发表文章时引用了豪斯的话。

“结识总统后，”豪斯说，“我渐渐发觉，让他改变想法，最好的方法就是，漫不经心地种在他心里，让他感兴趣，然后让他自己去思考。这个方法第一次奏效，完全出于意外。我去白宫献计，但他似乎并不赞同这条政策。几天后的一次晚宴中，我吃惊地听到他自己在讲述我的那条建议，就像那是他自己想出来的一样。”

豪斯是否打断他说“那不是你的主意，那是我的”？啊，不，豪斯没有，他足够睿智不这么干。他并不在乎归功于谁，他要的只是结果。所以他让威尔逊继续感觉，那是他的主意，而且还公开赞扬威尔逊竟然如此睿智。让我们记住，我们接触的所有人都和伍德罗·威尔逊一样都是人，所以让我们使用豪斯上校的技术。

在加拿大美丽的新布伦兹维克省，有个人用这个方法赢得了我的光顾。当时我正打算去新布伦兹维克钓钓鱼、划划船，所以我写信给旅行社打听信息。显然，我的姓名、地址信息被泄露了，因为我立刻就被无数度假村和导游的信件、小册子和品质证明淹没了。我感到混乱，不知道选哪个。后来，有个度假村老板做了件很巧妙的事。他寄给我几个曾住过他那儿的纽约客的姓名和电话，请我亲自打电话调查他们度假村的服务。

我吃惊地发现，自己还认识名单上的一个人。我打电话给他，问那儿怎么样，然后打电话给度假村，通知他我哪天到。同样是卖服务，其他家都努力在卖，只有一个人让我自己买。他赢了。

25个世纪之前，中国圣人老子说过几句话，这本书的读者现在也能受用：“譬道之在天下，犹川谷之于江海。”“万物归焉而不为主，可名为大。”“以其终不自为大，故能成其大。”“是以圣人为而不恃，功成而不处，其不欲见贤。”[1]

原则七

让对方感觉，那是他自己的主意。

[1] 这几句是译者对照卡耐基的原文和《道德经》的经文，挑出来的最匹配的几句。

17 如何让别人关注你

请知道，别人可能完全错了，但他完全不会这么认为。请不要指责，任何愚蠢的人都会指责；试着理解他们，只有睿智、大度、杰出的人才会这么做。对方那么想那么做，肯定有他的道理。找到他的道理，你就能解释他的行为甚至他的人格了。把自己真的放在他的位置上。当你自问：“如果我换上他的鞋，我会怎么做，我会有什么感觉？”你会免去很多烦恼，省下很多时间，因为“关注因，就不会太憎恶果”。而且，你将能迅速提高交际技术。

“停一分钟，”肯尼斯·M. 古德在《如何把人变成黄金》中说，“比较一下你对自己的事的热切度和对别人的事的冷漠度，你就会明白，世界上所有人也都是如此。这样，你就抓住了人际关系的磐石根基，唯一的根基，跟林肯、罗斯福一样。也就是说，待人处世的成败，只靠一样东西，那就是掌握对方的观点并感同身受。”

山姆·道格拉斯，纽约州亨普斯特德人。他以前常对妻子说：她天天打理草坪，拔草，施肥，每周修剪两次，但草坪跟4年前搬来的时候一样乱七八糟。他这么说，她自然很受打击，而他每次这么说，晚上就别想好好过了。

上了我们的课，道格拉斯先生意识到自己蠢了这么多年。他从未想过，她喜欢打理草坪，可能真的想要一份赞美，对她勤劳的赞美。一天晚饭后，他妻子说要去拔杂草，叫他一起来。他一开始是拒绝的，然后好好想了想，就跟她一起出去，开始帮她拔。她面带喜悦，他们一起累了一个小时，愉悦地聊了一个小时。之后，他常帮她打理，赞美她，说在这样一个院子里，土地硬得像水泥，这样一弄就的确好多了，她干得真不赖呢。结果呢？两个人生活得更幸福了，因为他学会了从她的视角看问题，虽然只是个杂草的问题。

格拉尔德·S. 尼伦伯格在《交心》中评论道："聊天中要获得说服力，就要传达出：你把对方的感受和观点看作和自己的同样重要。先敞明这次谈话你的目的或方向，掌控自己的语言，如果你是对方你能接受的语言。接受他的观点，这能鼓励对方敞开心扉，接受你的观点。"

我常爱在我家附近的一个公园里散步、骑马，我像古代的高卢祭司一样，全身心崇拜一棵棵橡树，看到很多小树和灌木丛被本可以避免的大火烧毁，我总是备受打击。火灾不是粗心的吸烟者引起的，几乎全都是孩子们在公园里野炊，在树下烤香肠或煮鸡蛋时引发的。有时候火势太大，需要叫消防队来才能扑灭。

公园边上有个告示牌，写着“凡引起火灾者将被罚款甚至监禁”，但它立在一个很少有人去的地方，那些要干坏事儿的人很少看得到。倒是有个骑警负责管理公园，但他玩忽职守，所以公园里年复一年地起火。有一次，我冲向一个警察告诉他公园里着火了，蔓延得很快，我想让他立刻通知救火队。但他反应冷淡，说那不是他的辖区，所以跟自己没关系。那次之后，我每次去骑马，都自命为这片公共领域的保护神。

一开始，我害怕自己无法试着去看别人的视角。当我看到树下有火苗，就会非常不开心，急于纠正，所以做错了事。我会驱马奔向孩子们，警告他们在这里生火是要坐牢的，以权威的语气命令他们把火灭了。如果他们不听，我就威胁说立刻把他们抓走。我只是在发泄我自己的情绪，完全没有考虑他们的视角。结果呢？他们听了，心里愤愤的，并不服气。我一骑过山头，他们很可能马上再生火，恨不得把整个公园都烧了。

几年过去了，我又多了些待人处世的知识、一点儿策略、一种更大的倾向，习惯了从别人的视角去看问题。于是，我不再发号施令，我会驱马奔向火苗，这样开口：“孩子们，玩得开心吗？你们做什么晚饭呢？我小时候也喜欢生火野餐，现在也蛮喜欢的。但你知道，在这个公园里生火可太危险了。我知道你们不想做坏事，但别的孩子可不会这么小心。他们来这儿一看，你们生了火，所以他们也想生堆火，回家时还不把火弄灭，结果烧着了干叶子，烧掉了树。假如我们再不小心，森林就会烧光的。而且，在这里生火是要坐牢的。但我不想干涉你们的乐趣，不会强求你们做什么。我很愿意看到你们玩得开心，但能不能把离火堆最近的干叶子都清理了？而且你们离开的时候，会在火堆上盖上土，很多土，不是吗？如果下次再想玩，我建议你们去另一侧山坡的沙地上起火，你们看好不好？在那里就不会引起火灾了。孩子们，非常感谢。玩得开心点儿。"

这种话的结果是惊人的。孩子们很乐意合作。没有怨气和憎恨，他们没有被迫服从命令。他们保全了面子。他们感觉好多了，我感觉也好多了，因为我从他们的视角考虑并解决了问题。

从对方的角度看问题，能够软化紧张到难以收拾的关系。伊丽莎白·诺瓦卡，澳大利亚新南威尔士人，车贷晚交了6个星期。"一个周五，"她说，"我接到了一个讨厌的电话，负责我的账户的人通知我说，如果下周一早上没有122美元进账，公司将采取进一步行动。周末就筹到这笔钱根本不可能，所以我预料到，周一一大早就会接到他打来的电话，会发生最糟糕的事情。我没慌，而是从他的视角来看这个问题。我非常真诚地道歉，为我给他带来的麻烦道歉。我还说：我肯定是他最麻烦的客户了，因为这不是我头一次晚还贷了。他的语气立刻变了，他向我保证，我不是他最棘手的客户。他继续对我说，有时会遇到几个粗鲁的客户，他们是怎样怎样的，他们是如何对他撒谎的，还常拒接电话。我什么也没说，我只是听着，让他向我倾诉自己的烦恼。然后，我都没说话，他就说了，如果我回头能一次性补齐，就没问题了。如果我能在月底先还20美元，把账户的洞先补上，就没问题了，看我什么时候方便。”

明天，在叫别人熄灭火堆或者买你的产品或者向你钟情的慈善团体捐钱时，为什么不先停一下，闭上眼睛，从对方的视角把整件事梳理一遍？问自己：“他凭什么要这样做？”对，这会耗费时间，但这会规避敌意，带来更好的结果，会减少摩擦，降低交际成本。

“去见一个人之前，我会在他办公室外面的小路上走上两个小时，”哈佛商学院的多纳姆院长说，“而不是冒失地闯进去，如果我不了解对方的兴趣和动机，不是特别清楚自己要说什么、他会怎么回答。”这太重要了，所以我要着重再说一遍。去见一个人之前，如果我不了解对方的兴趣和动机，不是特别清楚自己要说什么、他会怎么回答，我会在他办公室外面的小路上走上两个小时，而不是冒失地闯进去。

如果你看完这本书后，你只得到一个东西，就是更习惯从对方的视角看问题——能从对方的视角看到问题，也能从自己的视角看到问题——如果你读完它只得到了这一个东西，你将轻松发现，这真是你事业的一个台阶。

原则八

努力从对方的视角看问题，要诚实。

18 提高你的人格魅力

说一句神奇的话，就能让人不再吵、消除恶感、带来善意、使对方仔细听你说，你想知道这句话吗？想要？好，它就是：“你现在这样感觉，我没有任何理由怪你，如果我是你，我一定也会是那个感觉。”这句话很简单，却会软化世界上最偏执好斗的人。而且说这话，你是100%真诚的，因为换成是你，你肯定也有他那种感觉。拿阿尔·卡彭来举个例子。假如继承了他的身体、性情和心智，你还身处他的环境，有他那样的经历，那你就会变成他，做他所做的那些事。因为那些东西，只有那些东西，使得卡彭成为卡彭。这很简单，就像你不是一条响尾蛇，只是因为你的父母亲不是响尾蛇。

你是现在的你，能归功于你的部分不算多。请记住，那个怒气冲冲来找你的人，之所以偏执、不讲理，能归咎于他的部分也不多。同情眼前这个可怜虫吧，为他们感到难过，感受他们的痛苦。对自己说："好吧，如果不是上帝垂怜，想必我也变成那个样子了。"

我们每天遇到的人中，有3/4都对"被理解"感到饥渴。理解他们的情绪，他们就会爱你。我有一次做广播，聊《小妇人》的作者路易莎·梅·奥尔科特。我当然知道她是在麻省的康城长大并著就那部不朽名作的。但我一走嘴，说自己去过她在新罕布什尔州康城的祖屋。要是我只说了一次新罕布什尔，就值得原谅了，但我的天，我说了两次。无数信件、电报如潮水般涌来，把我淹没，又像一群马蜂一样围着我毫无抵抗力的脑袋乱叮。很多人义愤填膺，还有几个骂人的。有个在麻省康城长大的老太太（当时她住在费城）对我发泄了她炽烈的暴怒，那股子恶毒劲儿，好像我诅咒奥尔科特夫人是新几内亚的食人族一样。我边读这封信边对自己说："感谢上帝，幸亏我没娶一个这样的女人。"我想写封回信说：我的确搞错了地理，但她却搞错了基本的教养。这将是我回信的第一句话，然后我再捋起袖子告诉她：我觉得她是个什么样的人。但我没那样做。我克制住了。我意识到，只有脑子一热的蠢货才会那样做。

我不想把自己降低到愚蠢的人群中去，所以决定把她的敌意变成友善。这会是一个挑战，一种我会玩的游戏。我对自己说："毕竟，如果我是她的话，也应该会和她一样有那种感觉。"所以，我决定理解和感受她的情绪。后来我去费城时，给她打了个电话，对话大概是下面这样的：

我：××夫人，几周前您给我写过一封信，我想向您表示感谢。

她：（语气柔和、有教养、有学识）我有幸对话的您是哪位？

我：您不认识我，我叫戴尔·卡耐基。几周前的一个周日，您听了我关于路易莎·梅·奥尔科特的广播，我犯了一个无法原谅的错误，说她长在新罕布什尔的康城。这是个愚蠢的错误，我想为之道歉。您费神写信告诉我，实在十分感激。

她：我很抱歉，卡耐基先生，写得那么粗鲁。我向您发脾气，是我该道歉才对。

我：不，不，该道歉的是我，不是您。即使小学生也有足够的知识，不会说出我那样的错话。关于那件事，我第二周就在电台致过歉了，而现在我想亲自向您道歉。

她：我生在麻省的康城。我们家族两百年来都是麻省当地的望族，我为自己的家乡麻省感到骄傲。当我听您说奥尔科特小姐是新罕布什尔人，我备受打击，但我真为那封信感到惭愧。

我：坦白说，我当时也很难过，比您十倍不止。我的错误没有伤害麻省，但伤害了我自己。像您这样有身份和文化的人，是很难得费时间给广播员写信的，我真的希望您能再写信给我，如果再发现我在谈话中犯类似的错误的话。

她：您知道，我真的很高兴，您能接受我的批评。您必然是个很好的人。我很愿意多了解您一下。

这样，我体会她的立场并道歉，她开始道歉并看到我的观点。我克制住了自己的脾气，把侮辱变成了友善，我对自己感到很满意。我让她喜欢上了我，而这是我叫她去跳斯古吉尔河所得不到的，所以我真的无限高兴。

凡执掌过白宫的人，几乎每天都要面对人类关系中最棘手的问题，塔夫脱总统就是其中一个。他有个经验之谈，共情是无价的，可以和恶感发生酸碱中和的化学反应。在《道德的作用》中，他说了一件趣事，讲他是怎么使一个怒气冲冲的母亲熄灭失望的火焰的。

“华盛顿州有个夫人，”塔夫脱说，“她丈夫在政界有些势力，缠了我6个多星期要我给她儿子安排个职位。她还请了一大堆参议员和众议员来说情，她自己则陪着来看他们说得是不是有分量。但她要的那个职位，需要技术能力，后来我根据那个局的局长的推荐，安排了别人。然后我收到了这个母亲的信，说我忘恩负义，竟然推脱一件举手之劳的事，拒绝使她成为一个快乐的女人。她又继续抱怨，她付出了多少心血，劝说她们那州的代表全力支持我最关注的一个行政法案，而我就是这样报答她的。

“如果你接到这样一封信，你想做的第一件事，想必是如何严厉地回敬一个不太礼貌甚至粗鲁的人。然后你会作就一篇回信。然后，如果你够聪明，就会把信放进抽屉锁起来，两天后再拿出来（这种信一般都可以拖两天再回）。而当你两天后再拿出来看时，就不会想投入邮箱了。我就是这么做的。我打消寄出它的打算后，坐下来写了一封尽量礼貌的信，告诉她我意识到了一位母亲遇到这种事时感受到的极大失望。但是，那个职位的确不能由我个人喜好而随意任命，我必须选择一个在技术方面合格的人，所以我被迫遵从那个局的局长的推荐。我表示希望她的儿子能在他后来的职位上有所成就，以报答她母亲寄予的厚望。这封信让她平息了怒火，她回了一封短信，对上一封信表示歉意。

“但我委任的那个人短期内无法到岗，过了几天，我接到了署名她丈夫的来信，但笔迹和前两封完全一样。这封信上说，因为对这件事很失望，他太太患了神经衰弱，现在卧床不起，还得了严重的胃癌。他问我，为了使他妻子恢复健康，是否可以把那个人的名字换成她儿子。

“我回了一封信给她丈夫，说我真希望是误诊，他妻子得了这种重病，我深深地感受到了他的痛苦。但要撤回委任是不可能的了。我委任的人很快正式接任了。就在收到那封信的第二天，我在白宫举行了一场音乐会，最先到场向我和塔夫脱夫人打招呼的，就是这对夫妇，虽然这位夫人最近‘快死了’。”

杰伊·曼格姆是俄克拉何马州塔尔萨人。他开了一家直梯和扶梯的维修公司，并持有塔尔萨最大的一家酒店的扶梯的维修合同。酒店经理说这次维修不得超过2小时，因为他不想给酒店的客人带来不便，但这次要修，真的需要8个多小时，而且维修需要一个非常称职的机工，但他们公司没有专门设置一个专职人员来解决这种问题。曼格姆先生安排了一个顶级机工来修。他打电话给酒店经理，而不是和经理争论以给自己必要的维修时间。他说：“里克，我知道你们酒店很忙，你想尽量缩短扶梯的停运时间。我理解你的忧虑，我们会全力以赴来满足你的需要。但是，我们评估之后发现，如果这次不一下子根治，你的扶梯会遭到更严重的损害，下次会停运更长的时间，我知道你绝对不想一下子停运好几天吧？”

结果经理只能同意，这次停8个小时总比下次关闭几天要强多了。曼格姆先生通过强调经理服务顾客的愿望，轻松地做到了：让他同意自己的想法，没有惹起敌意。

乔伊斯·诺里斯，密苏里州圣路易斯人，钢琴教师，讲了如何处理一件麻烦事的故事。这种麻烦事是教十几岁的小女孩的钢琴老师们常会遇到的问题。芭贝特留的指甲非常长，这对于培养钢琴能力和习惯的人来说，是一个严重的障碍。诺里斯夫人说："我知道，留长指甲是她弹好钢琴的愿望的绊脚石。我在给她上课之前聊过一次，但当时没跟她说指甲的问题。我不想打击她，使她不上我的课，而且我也知道，她根本不想剪，她为之感到骄傲，每天都悉心打理使之变得更漂亮。

"第一堂课后，我感到时机来了，我说：'芭贝特，你的手真迷人，指甲真漂亮。你能弹好钢琴，如果将你的潜能发挥到极致，你定能如愿以偿。如果你愿意把指甲剪短一点，你就能更加容易地完成了，快得会让你惊讶。你考虑一下，好吗？'芭贝特做了个鬼脸，明显是说不。我也跟她妈妈聊过这件事，又说她的指甲真漂亮。又一个否定的回应。很显然，芭贝特细心打理的美甲对她来说很重要。

"第二周，芭贝特来上第二堂课。让我惊讶的是，指甲已经剪了。我恭维她，赞扬她，说这得是多大的牺牲啊。我还感谢她的母亲，影响了芭贝特的决定。她妈妈回答说：'啊，我什么也没做。芭贝特自己决定剪的，这是她第一次为了别人动自己的指甲。'"

诺里斯夫人威胁芭贝特了吗？她说“我不教指甲太长的学生”了吗？没有，她没有，她让芭贝特知道她的指甲是美丽的事物，要剪掉是一种牺牲。她暗示的是“我理解你的情感，并感同身受，我知道很难，但为了音乐才能的增长，这牺牲很值”。

索尔·胡洛克在美国音乐会主办人这个职业中，也算一把手了吧。他和艺术家们打交道都快半个世纪了，例如夏里亚宾、伊莎多拉·邓肯、巴甫洛娃这种世界级艺术家。胡洛克告诉我，和性格不稳定的巨星合作，他学会的第一堂课，就是必须对他们的情感感同身受，理解他们的古怪，再理解也不为过。

胡洛克给歌王费奥多·夏里亚宾做过3年的经纪人。他是世界上最伟大的男低音之一，震惊大都会的雅座，但他也是一个持久的麻烦，他就像一个被宠坏了的孩子，用胡洛克无法模仿的措辞来说就是：“他每个方面都是‘极其’的。”

比如，如果晚上有演出而夏里亚宾在中午给他打电话说：“索尔，我感觉很不舒服，我的喉咙就像汉堡没做熟，我今天晚上是唱不了了。”胡洛克先生会跟他争辩吗？啊，不，他知道办音乐会，不能这么对待艺人。所以他会立刻赶往夏里亚宾的酒店，满含理解和感同身受。“多可怜啊，”他会低声说，“太可怜了，我的朋友。你当然不能唱了。我马上去取消今晚的节目，只会损失几千美元而已，那相对于你的名声来讲不算什么。”然后，夏里亚宾会叹一口气，说："要不你下午再过来一下，5点钟来看看我怎么样了吧。"到了5点钟，胡洛克先生会再跑去他的酒店，满含体谅和感同身受，他会继续坚持取消演出，夏里亚宾会再次叹口气说："啊，要不你待会儿再来看我，我一会儿就好多了。"到了7点半，伟大的低音歌王就会同意登台了，唯一的条件是让胡洛克走上大都会的舞台宣布夏里亚宾得了重感冒，嗓子不太好。胡洛克先生会假意答应说一定照办，因为他知道这是唯一让歌王走上舞台的方法。

亚瑟 · I. 盖茨在伟大的《教育心理学》中写道："人类这个物种，普遍渴望通情。孩子急切地展示自己受的伤，甚至会故意割伤或碰伤自己，以收获满满的通情。为了同样的目的，成年人……展示自己的创伤，讲述自己的事故、疾病，尤其是自己外科手术的细节，为自己的不幸'自怜'，不管是真的不幸还是想象中的不幸。从某种程度上来说，你我实际上都在这么做。"

原则九

真正体会和感受对方的观点和渴望。

19 如何让人乐意服你

我在密苏里州的一个小镇长大，紧挨着杰西·詹姆斯[1]的故乡。我去过卡尼镇的詹姆斯农场，杰西·詹姆斯的儿子还住在那里。他的妻子告诉我，杰西当年抢银行、抢火车，然后把钱散给附近的农民赎回抵押出去的土地。

杰西·詹姆斯大概真心认为自己是个理想家，就像后来几代的黑帮教父一样，达奇·舒尔茨、“双枪”克罗雷，还有阿尔·卡彭。事实是，你遇到的任何人，都觉得自己很高尚，喜欢觉得自己是美好而无私的。

J. 皮尔庞特·摩根在一篇论文中说：人们做一件事，一般有

[1] 杰西·詹姆斯是美国历史上最传奇的匪徒之一。有人说他是杀人如麻的江洋大盗，有人说他是劫富济贫的一代豪侠，褒贬不一。唯一确定的就是，他混迹江湖多年，从未落网。虽然后来有人说打死了詹姆斯，但警察找到尸体时无法断定死者就是他。他的故事被改编成了《神枪手之死》，由布拉德·皮特主演。

两重理由，一重好听的理由，一重真实的原因。这是不言自明的。但我们所有人在心底都是理想家，喜欢认为自己拥有高尚的情操。所以，为了改变人的意志，就要诉诸他们高尚的情操。

这种方法在商业上是否不太现实？让我们看一下。让我们说说汉密尔顿·J. 法雷尔的例子，来自宾州葛兰诺登市法雷尔-米歇尔公司。他有个房客有些不满，威胁要搬走。租约还有4个月才满，但他却说立刻就搬，不管租约了。

“他们在我的房子里住了一冬天了，冬天是全年成本最高的季节，”法雷尔先生在课堂上说，“而我知道，要再租出去，估计得等到秋天了。看着房租收入就要飞了，说实话，我真怒了。发生这种情况，我一般会去找那个房客，要他把租房合同再念一遍。我会指出，如果马上就搬，4个月的租金必须全部马上付清。而我有权利这么做，也会去做。

“但这次我没有飞过去解决，短兵相接，我决定换个策略。所以我开口说：‘都先生，我听说了你的事，我仍然不相信你真的想搬走。我做租房这一行很多年了，学会了一些关于人性的东西，我看得出，你首先是个讲信用的人。实际上，我很肯定，甚至愿意赌你是这样的人。’

“‘那么，我的建议就是：你先暂缓决定，考虑几天。到下个月月初交租之前，如果你仍然打算搬，我保证我会接受，以你的决定为准。虽然和约定不符，我还是会让你搬的，同时承认自己看走了眼。但我仍然相信，你是个讲信用的人，会按合同办事。毕竟，我们是人还是猴子，选择权一般都在我们自己手里。’”

诺斯克里夫爵士（已故）看到一份报纸刊登了一张他的照片。他不想刊登，就给那个编辑写了封信。他说“请不要再用我那张照片，我不喜欢”了吗？没有，他诉诸高尚的情操。他诉诸每个人对母亲的尊敬和热爱。他写道：“请不要再用我那张照片，我母亲不喜欢。”

当小约翰·D. 洛克菲勒要阻止摄影记者抓拍他的孩子们时，他也诉诸高尚的情操。他没说“我不想让孩子们在媒体上露脸”。没有，他诉诸不伤害儿童的渴望，每个人的心底都有这种保护欲。他说：“你们知道的，诸位，你们自己也有孩子，有些人应该有吧。你知道，对孩子来说，曝光太多了不好。”

缅因州穷孩子赛勒斯·H. K. 柯蒂斯的事业正在猛抬头，并因执掌《星期六晚报》与《妇女之家杂志》而向百万富翁狂奔而去。但当时的他给不起别家杂志那么高的稿费，他无法用钱请到以稿费为生的顶级作家，所以诉诸高尚的情操。他成功地请到了不朽名著《小妇人》的作者路易莎·梅·奥尔科特在她最红的时候为自己撰稿。他说要签一张一百美元的支票，但不是给她的，而是捐给她最喜欢的慈善机构。

这里有人会问了："这招，用在诺斯克里夫、洛克菲勒和多愁善感的作家身上可能有效，但对那些欠账不还、胡搅蛮缠的人，管用吗？"说得很对，没有对任何事都管用的方法，没有对任何人都有效的方法。但如果你对自己以前的方法的效果感到很满意，又何必改呢？假如你不满意的话，试一下这个方法又何妨？无论如何，我相信你会喜欢我以前的一个学生詹姆斯·L.托马斯讲的一件真事的。

一个汽车公司有6个客人拒付维修费，他们不是不认账，而是说其中一项弄错了。但每一项上，他们都亲笔签名确认过，所以公司认为没有出错，也是这么说的。这是第一个错。

下面是财务部催欠款时的几步，你觉得走到最后一步时，他们做到了吗？

1. 他们去找每个客人，直接告诉他，来收账了，早就该交了。

2. 他们明示，公司完全绝对正确，所以，客人是完全绝对错误的。

3. 他们暗示，他们公司更懂汽车这行，客人一辈子都做不到。有什么好争辩的？

4. 结果？他们吵了起来。

这些方法能让顾客心甘情愿地归账吗？你来说说看。事情闹到这个地步，财务部经理打算马上派一些法律人士去炮轰，幸亏总经理知道了这件事。他查了查几个违约客人的付账记录，发现他们都有及时付款的信誉。一定是有什么地方不对，收账的方式里有什么东西错得太离谱了。所以他把詹姆斯·L. 托马斯叫去，告诉他怎么去收那些收不回来的烂账。下面是托马斯先生亲口所说的过程：

1. 我去找每个客人，去收那笔欠了很久的账，而我们知道自己的账目绝对没问题。但我对这件事只字未提。我解释说，我是来调查一下公司的服务情况，或者哪里做得不好。

2. 我明确表示：在听客人说完之前，我自己没有任何意见要说。我对客人说，公司从未说过自己绝对不会出错。

3. 我告诉他，我只关心他的车，而他比世界上任何人都更懂自己的车，所以他是这个话题的权威。

4. 我让他尽量多说，我只是全神贯注地听着，对他的需要和期待感同身受。

5. 最后，当客人平静下来可以讲理的时候，我将整件事诉诸他们的公平感。“首先，”我说，“我想说的是，我也认为这件事处置得非常不当，上次派来的代表让你生气、心烦，还给你带来了很多不便。那是绝对不该发生的事。我很抱歉，我代表公司向你道歉。当我坐在这里听你说完硬币的另一面，我忍不住为你的公平和大度所打动。

“现在，因为你这么大度，还有公平心，所以我不敢请你为我做任何事情。你比任何人都更懂公平，比任何人更能秉公处理事情。这是你的账单，请你自己检查什么地方弄错了，我是完全放心的，就像我完全放心让我们公司总经理来检查一样。请你全权做主，你怎么说就怎么算。”

对方核对账单了吗？当然核对了，非常开心地查。账单从150美元到400美元不等。有没有客人抓住机会占尽便宜啊？有啊，有一个就这么干的，那笔疑账一分没给。[1]但另外那5个人都依从了公司的安排。但这整件事最精彩的地方是：两年之内，6个客人都在我们公司买了新车。

“经验告诉我，”托马斯先生说，“当你还完全不了解一个客人的时候，最稳妥的处理办法，就是假设他是个真诚的好人，愿意并乐意付账，只要他相信账目是对的。换个说法，或者说得更

[1] 坏人是存在的，其中最严重的叫反社会人格障碍患者（又称冷血症），其发病比例约为每几十人中就有一个。卡耐基的这套方法，是用来应对君子的，不防小人。

明白些就是，人们心里都有一杆秤，不愿觉得自己欠谁的，例外情况相对较少。我相信，即使喜欢骗人的人，大部分情况下也会做出对你有利的反应，只要你让他们觉得，你认为他是诚实、正直、公道的。”

原则十

诉诸高尚的情操。

20 说不透时，卖个故事

那是很多年前的事了，《费城晚报》遭受了恶意谣传的严重攻击，闹得全州风雨。到处流传一条恶意的谣言。广告公司被一遍遍灌输，该报已经失宠于读者，因为它在广告里插新闻。必须立即采取行动了，必须终止谣传。

怎么做呢？他们是这么做的。报社挑了常规的一天，把普通版的资料剪切、归类，编成了一本书，就叫《一天》，有307页，和一本精装书差不多。报社把一天所有的新闻和专题印出来卖，不是卖几美元，而是卖几美分。

这本书一出，就把事实展现得须眉毕现了，《晚报》有巨大的信息量，还很有趣。它生动地把事实表现得淋漓尽致、触动人心，是仅靠整版整版的广告和声明无法达到的效果。

这是看戏的时代，这个时代需要故事，光靠嘴说是不够的。是事实，就要生动、有趣、让人身临其境。你必须得学会用情节说话，而不是靠语言。电影是这样，电视也是这样。如果你想获得关注，你也得这么做。

橱窗广告专家知道讲故事的力量。比如，一家新的老鼠药工厂为每个零售商布置了一个橱窗展位，里面有两只活老鼠。在老鼠展示的那周，销量会是平时的5倍。

电视广告里，满是卖故事推销产品的案例。晚上坐在电视机前，分析一下广告是怎么呈现和表达自己的。你会发现，一种治胃酸的药，改变了试管里酸液的颜色，而同类产品没有；你会发现，一种香皂或洗衣粉把一件油腻腻的衣服洗得特别白，而同类产品没有洗干净；你会发现，一辆车在做一串急转弯、急掉头的动作……这些远比语言有效得多。各种产品都伴有幸福、满意的脸。所以这些都是在逼真地向观众呈现他们提供的产品到底有多么好，自然就会有人买了。

你可以逼真地展示自己的商业理念，或任何方面的生活理念。很简单。吉姆·伊曼斯，是国家收银机公司在弗吉尼亚州里士满的销售，他讲了自己用逼真演绎的方式做的一次销售。

“我上周去附近的商场，在出口结账处，我发现他们的收银机是特别老的一款。我走向老板跟他说：‘每过一个客人，你都少赚几美分，你实际上是在扔钱。’说着，我把一把硬币扔在地板上。他的注意力立刻就被抓住了。那句话能让他感兴趣，而硬币敲击地板的声音则完全让他停下了。最后我从他那里拿到了订单，替换所有的旧款机器。”

这个方法在家庭生活中也管用。传统男人向爱人求婚时，是不是只说情话？不，他会单膝着地。这才真的表达了他想说的内容。我们不再下跪了，但很多求婚者仍然会制造一种浪漫的气氛，然后请求才会脱口而出。

用故事来说明你要他们做什么，对孩子同样管用。小乔·B.方特，亚拉巴马州伯明翰人，发现自己5岁的儿子和3岁的女儿很难管，就是不收拾玩具。所以他发明了一个“火车”。到了傍晚，乔伊就会蹬起自己的三轮车扮演火车司机（凯西·琼斯上尉），而加内特就把自己的小车厢拴在哥哥的火车头后面，跳进去。然后哥哥就开车带她在房间里转，她就一路把“煤”装进去。这样，整个房间都收拾了，没有说教，没有大嚷大叫，没有骂人。

玛丽·凯瑟琳·沃尔夫，印第安纳州米沙沃卡人，觉得工作出了问题，决定必须和老板聊聊。在一个周一的上午，她说想约老板见面，但老板说太忙了，这周跟秘书约一下吧。秘书的大意是：老板的日程很紧，但会努力把她安插进去。沃尔夫女士讲了发生的事情：“一整周我都没有收到秘书的回复。我一问她，她就给我解释老板不能见我的理由。周五早上到了，我还没得到明确答复。我真想在周末前见到他并聊完我的问题。所以我问自己：我怎样才能叫他见我呢？

“最后我是这样做的。我给他写了一封正式的信，信里说：我完全明白他整周都很忙，但我有很重要的事情要跟他说。在信的正文之外，我还附了一个收件人是沃尔夫女士的信封，里面有个格式单（上面写着：‘沃尔夫女士：我将能在____日上午/下午与你见面，我有____分钟与你谈话。’）让他填，请他回复或请秘书代劳转交给我。

“我在上午11点把这封信放进了他的收件筐，下午2点，我检查了自己的收件筐，里面有那封回给我的格式信。他亲自回复了我的信，说下午有10分钟的空档。我见了他，聊了一个多小时，解决了我的问题。

“如果我没有把事情‘演’出来，把事实传递给他，也就是我真的需要见他，恐怕现在还在等他约我呢。”

詹姆斯·B. 伯恩顿面临一个难题，他要做个冗长的市场报告。他的公司刚刚为一家化妆品的领军品牌做了一次详尽的市场调研。客户立刻就要市场竞争的数据，而报告对象，也就是听报告的这个客人，不仅在化妆品广告领域，甚至在整个广告界都算得上一号人物，非常不好伺候。

他第一次尝试，几乎还没开始就已经失败了。“我第一次走进去，”伯恩顿先生解释说，“觉得自己搞错了方向，跑到讨论调研方法上去了，那还有什么用？他吵，我也吵。他说我们的调查方法是错的，我就证明给他看我们是对的。最后我吵赢了，松了一口气，但是时间也到了，会面结束了，而我则没有取得任何进展。

“第二次，我没说那些数字、数据、表格，我去见他的时候，用表演的方式表达了事实。我走进他的办公室，他正忙着打电话。他刚聊完，我就打开手提箱，把32个化妆品的瓶子倒在他桌子上。他知道这是所有同行的竞争品牌。每个瓶子上都贴了一张字条，标明了行业调查的结果。每张纸条都像在演一个小故事。

“结果呢？这次没有争辩了。这是他没见过的阵势，与众不同。他拿起一个瓶子，读了读标签上的字，然后是下一个……我们开始好好聊。他又问了一些问题，强烈地感兴趣。他只安排了10分钟让我说，但10分钟过去了，20分钟过去了，40分钟过去了，一个小时后我们还在聊。

“还是上次那些事实，这次我的表现方式很有戏剧性、表演性，所得的结果多么不同啊！”

原则十一

把你的观点，演成故事。

21 最后一招，下封战书

查尔斯·施瓦布旗下有个厂长，产能总是不达标。“为什么呢，”施瓦布问他，“像你这么能干的厂长竟然无法使工厂产出达标？”“不知道，”厂长回答说，“我说过好话，鼓励过，咒骂过，用罚款、开除吓唬过，都没用，他们就是不肯好好干。”

谈话发生在傍晚，日班即将结束。施瓦布向他要了一根粉笔，转向旁边的工人，问：“你们今天做了几炉？”“6炉。”施瓦布没说什么，只是在地上写了一个大大的6字，然后离开了。夜班的工人来了，看到这个6字就问是什么意思。“大老板今天来了，”日班工人说，“他问我们做了几炉，我们说6炉，他就在地上写了个6字。”

第二天早上，施瓦布又去了工厂，夜班工人擦掉了6，改成了7。日班工人报告当日产量时，看到了地上大大的7字。夜班工人感觉他们比自己产能更高，不是吗？啊，得给对方点儿颜色看看。他们热情高涨地大干了一天。日班结束后，留下了一个骄傲的大10字。情况继续发展。很快，这个产量总是提不上去的工厂，成了集团里产量最高的一个。原理？让施瓦布亲口来说吧。“要让事情顺利完成，”施瓦布说，“有时需要鼓励‘争’，我说的不是赤裸裸地争着赚钱，而是人们渴望战胜挑战。”[1]

争胜的欲望！挑战！得接招啊！这对有血气的人来说总能奏效。如果没有挑战，西奥多·罗斯福就做不成美国总统了。这个莽骑兵刚从古巴回来，就被选为纽约州州长。反对派发现，罗斯福不是本州的合法居民。他害怕了，想退出。当时的纽约州参议员托马斯·克里尔·普拉特，激了他一把。他突然转向西奥多·罗斯福，嘹亮的声音响起：“圣胡安山的英雄原来是个懦夫啊！”罗斯福留在了战斗中。接下来的事就人人都知道了。这个挑战不只改变了罗斯福的一生，还真正地改变了美国的未来。

“人人都有恐惧，但勇士会抛下恐惧勇往直前，冲向偶尔的死亡和永远的胜利。”这是古希腊国王卫队的训言。有什么比克服死亡的恐惧更需要勇气呢?

艾尔·史密斯做纽约州州长的时候，就面临一个挑战。当时

[1] 请注意，激将法是创造将才的有效方法之一，但不可鼓励下属互相竞争。激起下属之间的竞争，是管理者的大忌。

的鬼岛西端，有个让人不寒而栗的新新监狱，一直缺个狱长。那里丑闻四散，夹杂着谣言。史密斯需要一个强人来管它，一个铁腕人物。但应该是谁呢？他把新汉普顿的刘易斯·E. 劳斯叫来了。劳斯站在他面前，他愉快地说："接管新新监狱怎么样？那里需要个有经验的人。"

劳斯感到很为难。他知道新新监狱不好管，很危险。这是个政治任命，受制于波谲云诡、变幻莫测的政治变动。一个个狱长来了，走了，其中一个只做了3个星期。他还有前途要考虑啊。值得冒险吗？史密斯见他犹疑不决，靠着椅背，笑了。"年轻人，"他说，"你害怕，我不怪你。那里的确不算太平。一个有胆色的人才能去那儿，才能待住。"

史密斯在激将，不是吗？劳斯喜欢做"有胆色的人"才能做的事。于是他去了，做了很久。他待住了，成了当年最著名的监狱长。他的《在新新的两万年里》卖了十几万册，他还上了广播电台，而他的监狱生活则翻拍成了数十部电影。他对犯人的"人道化"管理则在监狱改革中带来了奇迹。

"我从来不认为，"菲尔斯通轮胎和橡胶公司的大创始人哈维·S. 菲尔斯通说，"用钱，只用钱就能招来将才，留住人。我认为游戏本身最有魔力。"弗莱德里克·赫茨伯格，行为主义大科学家，也同意这个观点。他深度研究了成千上万人的工作态度，从工厂工人到高层管理。你觉得他发现了哪个因素最有激励作用？钱多？工作环境好？福利好？不是，不是这些。最大的激励因素，是工作本身。如果工作有趣又激动人心，人们就会渴望做，渴望做好。

这是任何有所成就的人都喜欢的东西：工作本身。这是表达自己的机会，一个证明自己有价值、能做好、能赢的机会，所以才会有赛跑、驯猪比赛、大胃王比赛。人们渴望感觉“我很重要”。

原则十二

抛出挑战。

第四篇

成为一个领袖：如何改变他人而不冒犯人或引起反感、愤怒或怨恨[1]

[1] 原文是Be a Leader: How to Change People Without Giving Offense or Arousing Resentment，最后这个resentment意思很丰富，译者认为仅靠一个词无法传达原意，所以用了三个词：反感、愤怒、怨恨。

22 如何让大家都尊重你

卡尔文·柯立芝在位时，我有个朋友在周末到白宫做客。当他溜进总统的私人办公室时，听到柯立芝对一个秘书说："你今早穿的这件连衣裙真漂亮，真是年轻迷人啊。"柯立芝有寡言的名声，这大概是他这辈子对秘书说过的最豪放的赞美了。太少见了，出乎意料，所以秘书不期然而然地红了脸。柯立芝接着说："现在，别不解了。我那么说，是想让你感觉好点儿，我想让你注意一下标点符号方面的问题。"他这招大概有点儿做作了，但这里面的心理技术棒极了。如果先听到一些对我们的长处的赞扬，我们就总能更容易接受不那么好听的话了。

理发师会先给你涂一层泡沫然后再给你刮胡子，麦金莱在1856年竞选总统时用的就是这个策略。那天，一个共和党骨干作就了一篇助选演讲稿，很得意，觉得把西塞罗、帕特里克·亨利和丹尼尔·韦伯斯特加起来，还要比他这篇差那么一点点。他兴高采烈地把自己的不朽演讲稿读给麦金莱听。它有可取之点，但是不能用，用了会惹起众怒的。麦金莱不想伤害他的情感，但还必须说“不行”，熄灭他的热情。看看麦金莱是怎么巧妙应对的。

“伙计，这篇演讲稿真是棒极了，很恢宏，”麦金莱说，“没人能写出一篇更好的来。在很多场合，就该一字不差地这么说，但是否非常适合眼下的特殊情况呢？它充满了你健全的理性，但我得从党的角度考虑可能产生的影响。现在你回家，根据我提的几点再写一篇，给我份复印件。”他照做了，麦金莱修改了一下这个二次稿，结果那个党员成了竞选中的一个主力助选者。

这里是林肯写的第二著名的信（最著名的信是写给比克斯比夫人的，对她在战场上牺牲的5个儿子表示哀悼）。林肯大概只用了5分钟便一挥而就，但它在1926年公开拍卖时卖到了1.2万美元。顺便多说一句，这比林肯在半个多世纪里通过辛苦工作得来的所有积蓄还多。这封信是在1863年4月26日，内战最低潮的时候写给约瑟夫·虎克将军的。18个月了，林肯的北军诸将屡战屡败，悲惨壮烈，之前的努力全都白费了，将士们死得很不值。全国震惊。成千上万的人成了逃兵，甚至共和党的参议员们也开始内讧，要把林肯赶出白宫。

“我们现在穷途末路，”林肯说，“我似乎感觉全能的上帝也不支持我们。我感觉不到一丝希望的光。”这封信就是在这样的黑暗、悲伤和混乱中作就的。我把这封信印在这里，主要是想说明，林肯是怎么改变一个不受军令的大将的，在国家命运系于他一人之手之时。这可能是亚伯·林肯就任后写得最犀利的一封信了。但你仍然可以注意到，在指出虎克的致命错误之前，林肯先称赞了他。是的，他犯了致命的错，但林肯并没有那样去措辞，他要含蓄得多，很有外交风范。他写道："有几件事我对你不是十分满意。"说话的策略！外交官的措辞！下面就是这封写给虎克将军的信。

我任命了你做波托马克地区的总司令，我这样做，当然是看到了充分的理由。但我希望你也知道，有几件事我对你不是十分满意。

我相信你是一个骁勇善战的军人，我自然欣赏这一点。同时我也相信，你不会把职守和政治混在一起，你做得对。你有坚定的自信，这是可贵的品质，如果不是必备的美德的话。

你雄心勃勃，这在合理范围内有益无害，但伯恩赛德将军调兵遣将时，你放纵自己的雄心，全力加以阻挠。这是对国家的伤害，也伤害了一个道德高尚、值得尊敬的同阵营军官。

我听说并可以相信，你说过需要一个强硬的领袖一统军政两界。虽然如此，我还是把军权放在了你手里，但这自然不是为了让你现在就去实现它。

只有取得胜利的将军才能一统军政，独揽大权。我现在对你的期许，是军事胜利，然后我会给你让出位置。

政府将会全力支持你，一如既往、不增不减，就像支持其他将领一样。但我深恐你灌输给兄弟部队的思想，那种指责和不信任自己的司令官的思想，会指向你自己。我愿竭力帮你平息。

如果凌上思想肆虐军队，无论是你还是拿破仑再世，都无法带兵打胜仗。现在切莫掉以轻心，需要极其警觉，集中精力去争取我们的胜利。

你不是柯立芝、麦金莱或林肯，你想知道这种哲学怎么用在日常工作交往中。会管用吗？我们来看看。现在以费城华克公司的W. P. 高为例。华克公司签了承包合同，要按期在费城盖一栋办公大楼。一切进展顺利，眼看就要竣工了，突然，承接大楼外层铜器装饰品的公司说无法如期交货。什么？整栋楼要延期！巨额违约金！惨重的损失！就因为一个人！长途电话。吵！激烈的对话！都没用。然后公司派高先生前往纽约，到这个铜货商人的老巢去揪狮子的胡子。

“你是否知道整个布鲁克林只有一个人叫你这个名字？”互相介绍后，高先生很快对这个次级承包商的总裁说。对方愣了一下。“不，不知道。”“啊，”高先生说，“今天早上下了火车，我看了看黄页找到了你的地址，发现布鲁克林市的大黄页里，只有你一个人姓这个姓。”

“以前真不知道。”那个总裁说。他兴致勃勃地查了查黄页。“啊，真是我独有的姓啊！”他骄傲地说，“我的祖上原籍荷兰，搬来纽约快两百年了。”他接着聊了几分钟自己的家族和祖先。他说完后，高先生赞美了那个总裁的工厂的规模，还和无数他去过的铜器厂做了比较，评价很高。“这是我见过的最干净整洁的铜器厂。”高说。“我一辈子的心血，才做到今天这步，”总裁说，“我引以为荣。你愿意参观一下我的工厂吗？”

参观的时候，高先生称赞对方的制造工艺系统，详细说了比竞争对手强的地方及原因。高看到几台没见过的机器，连声赞叹。对方宣称，那几台机器是他自己发明的。他花了很长时间告诉高怎么操作，以及这些机器做出来的产品到底好在哪儿。他坚持请客人一起吃午饭。到目前为止，请注意，高对自己的来意还没说一个字。

午饭后，对方说：“现在聊正事吧，我自然知道你的来意。

但没想到，我们会聊得这么投缘。先回费城吧，我保证你家的货会按时完成、准时送达，即使牺牲其他生意也在所不惜。”

高先生得到了最好的结果，他甚至没提任何要求。材料如期送到，大楼如期竣工，完全按照合同。假如高先生当时用火药和锤子，也就是一般人遇到这种事会用的方式，会不会解决问题呢？

多罗西·弗罗布莱夫斯基，联邦信贷联盟新泽西州蒙莫斯堡的一个支行经理，在课堂上讲了如何帮助一个雇员提高工作能力的故事。“我们新招了一个小姑娘做实习出纳。她给客人做的合同都非常棒，她很细心，办理个人业务非常有效率。问题出现在那天快结束时，该对账了。出纳负责人来找我，强烈建议开除她。‘她对账太慢了，每个人都在等她一个人。我一遍遍跟她说，但她就是学不会。她必须得走！’

“第二天我发现，她白天处理常规业务特别迅速、准确，和每个客人都很融洽。但我很快发现了，她为什么对账做不好。下班后，我找她聊了聊。她显然很紧张不安。我称赞她，和客人们这么融洽，聊得这么好，还称赞她做日常工作时的准确和效率。然后我建议，我们俩一起重复一遍我们对账时采用的流程。她一意识到我相信她，就轻松地按照我的建议，很快学会了这项工作。自那之后，她就没有任何问题了。”

先赞赏，就像牙医动手前使用局部麻药一样。病人仍然要钻牙洞，但麻药则能止疼。领袖都会用。

原则一

先要懂得欣赏，不做作地称赞。

23 批评但不招人恨

那是一天的中午，查尔斯·施瓦布走过他的一家钢铁厂，碰到几个工人在吸烟。而就在他们头顶，挂着一个“禁止吸烟”的牌子。施瓦布指着牌子说“你们不识字吗”了没？啊，没，施瓦布不是那种人。他走过去，给每人发了一根雪茄，说：“孩子们，如果你们能到外面去抽，我会很感激的。”他们知道，施瓦布知道他们违反了规定。他们喜欢施瓦布，他什么也没说，还给每人发了一个小礼物，他们觉得自己被人看得起。像这样的人，你也会忍不住喜欢吧？

约翰·范纳梅克也用了同一招。范纳梅克过去每天都要巡查自己在费城的大超市。一天，他看到一个顾客站在柜台边等着买东西，但根本没人理她。售货员呢？啊，她们聚在柜台另一头，自顾自地有说有笑。范纳梅克一声不吭，静静地走到柜台后面，自己招呼客人，然后把客人的东西交给售货员们去打包，然后就走了。

人们常批评官员，说本地区的人想见他们特别难。他们的确很忙，但有时候，问题出在保护欲太强的周围人身上，他们不想让自己的老板为太多客人所扰。卡尔·朗福德，做佛罗里达州奥兰多市长好多年了，这里是迪斯尼乐园的老家。他过去常批评周围的人，不让人进来见他。他有一个“打开门”政策，但辖区的公民还是会被前台和秘书堵住，进不去。最后市长找到了解决办法。他把自己办公室的门给拆了。自从象征性地拆掉自己的门，他的助手们终于收到了信息，市长真的是透明管理。

只改动一个词，常能带来完全不同的结果，能改变人的观点，而不招人恨或得罪人。很多人在批评之前先真诚地称赞，然后说一个“但是/但”，就批评完了。比如，要改变一个孩子不爱学习的态度时，我们可能会说：“我们真的为你感到骄傲，强尼，这个学期分数提高了。但是，如果你能够更加努力地学代数，成绩就会更上层楼了。”

这种情况下，强尼可能一开始觉得挺受鼓舞的，直到他听到“但是/但”。这时他可能质疑前面的赞扬是否真诚。在他看来，前面的褒扬好像是生拉硬扯过来，专门为了引出和指向对失败的指责的。可信度降低，我们也就不能如愿改变强尼的学习态度了。

这很好克服，只要把“但是/但”换成“而”就行了。“我们真的为你感到骄傲，强尼，这个学期分数提高了。而如果你能够更加努力地学代数，成绩就会更上层楼了。”现在强尼就会接受赞扬了，因为没有跟着什么字词暗示他将来会失败。我们间接地把他的注意力引向我们想要改变的结果，他很可能会努力实现我们的期待。

间接地使人注意到自己的错误，会产生奇迹，尤其是当你面对的是敏感的人，他们强烈仇视任何直接的批评。玛·雅各布，罗得岛温索克特人，在班上讲了自己如何让几个邋遢的建筑工人给自己盖配房时主动清理现场的故事。开工前几天，雅各布太太下班回家，发现院子里满是小木头弃料。她不想和工人们对着干，因为他们干得其实还不错。所以，工人们回家后，她和孩子们就自己捡了，把这些小木块利落地堆在角落里。第二天早上，她把工头儿叫到一边，说：“我对昨晚前院草地的样子，真的感到很满意。很干净，很好，不会让邻居们看了烦的。”从那天开始，工人们就自己捡起木块，堆在一边，而工头儿则每天都来问，一整天的工作结束后，草地的样子到底好不好。

预备役的教官都是正规军人，预备役和教官之间的一大矛盾点，就是发型问题。预备队员认为自己是平民（大部分时候他们都是），所以讨厌剪成短发。哈雷·恺撒军士长，美国542预备役学校的教官，面对一群没有任命的后备军官时，就要解决这个问题。他是正规军的老军士长了，按理说可以大骂全队，吓唬他们。但他选择间接地完成目的。

“先生们，”他开口了，“你们都是要带兵的人。要带兵，以身作则才能带好。你们必须成为自己的队伍可以仿效的榜样。你们知道，军队对发型有规定。我今天就去理发，虽然比你们有些人的更短。你照照镜子看看自己，如果感觉自己需要理成一个好榜样，我就给你假，到部队的理发师那里去。”

结果是可预见的。几个头发该理的都照了镜子，当天下午就去找理发师，进行“常规”修剪了。恺撒军士长第二天赞扬说：自己看到，领袖品质在本队某些成员身上迅速发展。

1887年3月8日，大牧师亨利·沃德·比奇死了。比奇死了，没人布道了，这个星期天，莱曼·阿博特要接替他在教坛上的位置。他很想做到最好，他改了又改，润色他的布道文，就像福楼拜一样谨慎小心。然后他读给妻子听。令人同情，很普通。如果她没有脑子，恐怕会说：“莱曼，糟透了！不能那么说，你会催眠听众的，你就跟念百科全书一样。做了这么多年牧师，你不该就这水平啊。我的天，你为什么就不能说点儿正常的人话呢？为什么不自然一点儿？要读这篇那可真够丢人现眼的。”她当然可以这么说，但如果这么说，你知道会发生什么。她也知道。所以她只是说，如果发表在《北美评论》上，这会是一篇佳作。也就是说，她觉得不错，同时暗示这不适合用作演讲。莱曼·阿博特明白了，就把他那篇字斟句酌准备好的稿子撕了，没带稿子就上了教坛。要纠正他人的错误，这是个有效的方式。

原则二

让人们注意自己的错误时，间接一点儿。

24 服人而不得罪人

我的侄女约瑟芬·卡耐基要来纽约做我的秘书。那年她19岁，中学毕业3年，她的工作经验基本等于零。她后来成了苏伊士北部最能干的秘书之一，但一开始，她有点儿……啊，不太长进。

一天，我想批评她一下。我问自己："慢着，戴尔·卡耐基，等会儿。你比约瑟芬年长一倍，你比她多一万倍的工作经验。你怎么能指望她像你一样看问题，拥有你虽然平庸的判断力和创造力？想想，戴尔，你19岁的时候是个什么情况？记得你那些愚蠢的错误吗？记得你当时做过的这件和那件事不？"

真心公正地想过后，我最后得出结论，约瑟芬的表现，比我19岁的时候，还要好一些。而且，很不好意思说的是，我没有夸过约瑟芬这一点。从那以后，每当我要约瑟芬注意一个错处的时候，我常常这样开口："约瑟芬，你犯了一点儿错，但我们的主知道，我犯过的那些错比这要严重得多。人不能生来就懂，我们只能从经验里学，你比我19岁的时候强多了。我为那时候做的蠢事感到难为情。我没有想批评你，也从未批评过谁，而如果当时这样做的话，你觉得是不是更好一点？”

如果批评方先低下身段，先说自己远非完美，然后再提出批评，比起听对方历数自己的罪状来，被批评的一方就更容易接受了。

E. G. 迪利斯顿，加拿大马尼托巴省布兰登市人，工程师，最近对他的新秘书有点儿意见。他口述完信件，秘书写完后拿到办公桌上签字时，每页总会有两三个错别字。迪利斯顿说自己是这样处理此事的：“像很多工程师一样，我的英语并不出众，也经常写错。但很多年来，我一直有一本小黑字典，遇到不会写的字就捻开。我意识到，很显然，直接指出她的错误无济于事，她不会多查查字典、校对校对的，所以我决定换个方式。第二次我又发现信里有错字的时候，我就坐下来对这个负责打字的秘书说：‘无论如何，这个字看起来不对，这是我以前经常写错的一个字。那就是为什么我买了这本小字典。’我打开这本字典翻到相应的那页。‘嗯，在这儿呢。我现在特别注意自己是不是写对了，因为对方会根据我们信的内容和错别字来判断我们，低估我们的专业能力。’

“我不知道她是不是复制了我那一套做法，但那次聊过之后，她的错别字频率大大降低了。”

优雅的伯恩哈德·冯·比洛亲王在1909年就切身认识到，这样做的必要性。冯·比洛当时是德国总理，宝座上坐的是威廉二世，不可一世的威廉，目空一切的威廉。末代德皇威廉，建了海陆两军，夸口说军队就像群狼一样，一出笼就能扑死任何国家。

一天发生了一件惊人的事。德皇说了一些话，一些不该说的话，震惊了整个欧洲。震动一波波地在全世界蔓延。最糟糕的是，德皇说这些愚蠢、荒唐、傲慢的话时，是公开说的，当时他正在英国做客，还下旨赐恩，允许《每日电讯报》刊登。比如他说在德国人中，就他自己不算太讨厌英国人；他大建海军，是为了应对日本人的侵略；正是他，仅凭一己之力，使英国免受法国和俄国的蹂躏；英国的罗伯茨爵士在南非打败荷兰人，完全是出于他的战略安排……欧洲都平静了一百多年了，从没有哪个国王说过这种耸人听闻的蠢话，整个欧洲大陆哗然骚动，就像被捅了窝的蜂群。英格兰很生气，德国政治家们也吓傻了眼。

大家都慌了，德皇自己也乱了，就想叫总理冯·比洛亲王背黑锅。是的，他想让冯·比洛亲王宣称都是自己的错，是他进言让陛下说那些蠢话的。冯·比洛不干，他说："但是陛下，我感觉没有任何英国人或德国人会相信是我教陛下说那种话的。"这话刚一出口，比洛就意识到自己犯了大忌。德皇一下火了。"你觉得我是傻驴吗，"他大嚷，"你都不会犯的错我却犯了？"冯·比洛知道，在批评之前应该先赞美的，但为时已晚，所以只能尽量兜回来了。批评完了，现在把赞美补上。于是立刻出现了奇迹。

“我绝对不是那个意思，”他恭敬地说，“陛下胜我之处俯拾皆是，海军陆军方面的知识就先甭提了，尤其在自然科学方面。陛下给我解释气压计、无线电或伦琴射线这些东西的时候，我总是自惭形秽，感觉自己懂得太少，哪科都一窍不通，化学、物理就甭说了，连最普通的自然现象都解释不了。但是，”冯·比洛接着说，“略可抵补的是，我对历史略知一二，还有一点点可以在政治中用得上的才能，尤其是在外交上。”冯·比洛通过自谦抬高了德皇，德皇能因此原谅整个世界。“我不是常跟你说嘛，”德皇高兴地大声说，“咱俩是出了名的绝配。我们是一体的，永远都是！”他握了握冯·比洛的手，不是一次握手，而是总要去握。聊到下午，德皇太激动了，握着两个拳头大叫：“任何人跟我说冯·比洛不好，我都会一拳打在他的鼻子上！”

冯·比洛及时自救了，但是，虽然他策略高超，却做错了一个地方。他应该先说自己的短处和德皇的优点的，而不是暗指德皇傻头傻脑，需要有人出谋划策。

如果几句贬低自己、称赞对方的话可以把目空一切、油盐不进的皇帝变成最牢固的朋友，试想，自谦和称赞能在日常交往中给我们带来多少好处？如果在交往中用对了，会真正产生不可思议的奇迹。

认错但不改，也能影响对方的行为。这被克拉伦斯·赛豪森最近的一件事活灵活现地证明了。他是马里兰州提姆尼厄姆人，他发现自己15岁的儿子在学抽烟。“自然，我不想让大卫抽烟，”赛豪森先生对我们说，“但我跟他妈都抽，我们给他树立了坏榜样，天天影响。我跟大卫解释，自己是在他那个年纪学会抽烟的，而尼古丁把我抓得牢牢的，几乎不可能戒掉了。我还让他意识到，天天老咳嗽有多烦人，他多年之后肯定会和我现在一样，后悔自己没趁早戒掉。

“我没劝他停止，也没吓唬他，警告他吸烟的危害。我只是指出，我被烟草牵绊住了，结果自己怎么样。他想了想，决定不抽了，高中毕业后再说。几年后他毕业了，但从未再次抽烟，将来也没这打算。

“那次聊过后还有个结果，我自己也决定戒烟了。因为家里人的支持和帮助，我真的戒掉了。”

你必须在这方面做好，才有资格做个好领袖。

原则三

批评对方之前，不妨先说说自己犯过的错。

25 世界上没有任何人能指使我

有一次我有幸和美国传记家的教主埃达·塔贝尔小姐一起吃饭。我说自己正在写这本书，然后我们开始聊与人相处这个再重要不过的话题。她对我说，当年为欧文·D. 杨格作传时，采访的一个人和杨格先生在同一个房间里共事3年。他说，在3年里，他从没听欧文·D. 杨格对任何人直接下令。他总是建议，而不是命令，比如欧文·D. 杨格从不说“去做这件事”或“别做那件事”，他会说“你可以考虑一下这件事”或“你觉得那么做会不会有效”。他向秘书口述完一封信后常说：“你觉得怎么样？”看完一个助手写的信后，他会说：“假如我们这样改改措辞，也许会更好呢。”他总是给人留够自由做事的空间，从不叫助手去做什么，他让他们自己去做，让他们从自己的错误中学习。

这种方法让人很容易改正错误。它保全人的骄傲，给人一种尊重感。它促进合作而不滋生抗拒。一个粗鲁的命令会引起憎恨，久久不散，即使这个命令的目的是纠正明显错误的局面。旦·圣雷利，宾州怀俄明的一个职业学校的老师，他在我们班上讲了一件事。

一个学生违章停车，挡住了学校一个商店的路。一个辅导员冲进我们班，傲慢地问：“谁把车停在那儿挡路了？”车主学生回应后，辅导员尖叫起来：“挪开！马上挪开！不然我马上叫拖车给拖走！”

学生是错了，车不应该停在那儿。但从那天起，不仅那个学生憎恨辅导员的一举一动，所有其他同学也开始处处跟辅导员较劲，搞得他工作很不开心。

如果换一种处理方式呢？如果他柔和地问：“谁的车挡住路了？”然后建议说：如果挪开，别的车就能走了，学生会很高兴挪车的，而班上其他人更不会讨厌他，看到他就烦了。

使用问句，不仅能使命令更容易接受，还常能提高对方的执行力。人们更乐意执行一个指令，如果他们参与了指令下达前的决定过程。

当南非约翰内斯堡一个专做精密仪器配件的工厂的总经理伊恩·麦克唐纳有幸碰到一个超级大的订单时，他相信，自己可能不能如约按时完工。车间里安排了其他工作，时间太短，货量太大，他感觉可能接不住这一单。

他没有敦促工人们加快速度，把订单赶快完成，他把大伙儿叫到一起，解释了目前的情况，告诉他们，如果大家有能力按时赶出这一单，对公司和他们来说有什么意义。然后他开始问问题："我们能做些什么来处理这一单呢？""有没有谁能想出别的什么办法把活儿做出来，让我们有能力接下这一单？""调整时间或调配人手，这些方法会不会有用呢？"大家想出来很多主意，坚持让他接单。他们以"我们能做到"的态度对待它。订单就接了，做完了，按时送到了。高产能的领袖都使用这一条。

原则四

不要直接下命令，而要利用问句。

26 第一大忌：犯众怒

几年前，通用电气公司面临一个特别棘手的问题，要撤去查尔斯·斯坦梅茨[1]部门总监的职位。斯坦梅茨在电学方面，可是一等一的天才，但管财务部则管得一塌糊涂，而公司不敢得罪他。他是不可或缺的，他是个超级敏感的人。所以公司给了他一个新头衔，任命他为通用电气公司工程总顾问，这是他一直在做的工作的新头衔，然后另派他人管理财务部。

斯坦梅茨很满意。通用的董事会也很开心。他们顺利地挪动了他们最不好惹的辰星，没有引发暴风雨，通过保全他的面子。

顾全人的面子吧！这是多么重要，多么要命地重要啊！但我们有多少人好好想过呢？我们横冲直撞，在别人的情感上碾轧过去，盯着别人的错处，咋咋呼呼，当众骂孩子或员工，根本不考

[1] 美国电工学家、发明家。

虑对别人自尊的伤害。

而花几分钟想一想，说一两句体贴的话，理解对方的视角，就有大作用，可以缓解刺痛。下次再需要硬着头皮指责或解聘一个雇员时，让我们记得它。我要引用认证会计师马歇尔·A. 格雷琪写给我的一封信："辞人可不是件有趣的事，被辞当然更不好玩了。我们的主要工作是有季节性的，报税旺季一过，我们就要砍掉很多人。

"我们有句行话：'没人愿动斧头。'所以就形成了一个传统，速战速决，一般这样做：'坐，史密斯先生。报税季过了，我们似乎也没什么活儿让你做了。当然你也知道，你只是在忙的时候来帮忙的……'结果，他们都很落寞，感觉被解雇了。他们大都一辈子在会计行里讨生活，对草率辞退自己的公司不会特别喜欢。

"最近，我决定采用策略和体贴，来对待我们的季节性雇员。所以，我把一个人在整个冬天的工作仔细看过之后，才把他或她叫进来。我会这样说：'史密斯先生，你干得不错（如果他真干得不错）。派你去纽瓦克那次，的确是个很难办的任务。你立刻动身，而且做得那么漂亮，我想让你知道，公司为你感到骄傲。你真的很专业，前途远大，不管在哪儿工作。公司相信你，感激你，我不希望你忘记公司！'结果？离开的人心情好多了，没感觉到被辞退，不觉得委屈。他们知道，以后还有工作时，他们还能上岗。当我们再请他们来时，他们有强烈的个人情感。”

在一期课程中，两个学员讨论挑刺儿的恶果和保全对方颜面的积极效果。弗雷德·克拉克，宾州哈里斯堡人，讲了他们公司发生的一件事：“一次开生产会，一个副总裁尖锐地质问一个生产总监关于某个生产环节的问题。他语气咄咄逼人，旨在指出总监失职。总监闪烁其词，不想在同事面前难堪。这让副总裁暴跳如雷，严厉责备总监，骂他撒谎。

“如果之前有过什么同事关系，这一对阵，一下全没了。这个总监基本上是个好员工，从此无法再安心工作。几个月后，他辞职了，去了对手公司工作，而我知道他在那儿做得不错。”

另一个同学安娜·马佐内讲了自己公司发生的一件类似的事，但处理方式不同，效果截然不同。马佐内女士是罐头食品厂的市场专员，第一个大任务是为一个新产品试水。她在课堂上说：“测试结果出来之后，我惊呆了。我在规划中犯了一个严重的错误，整个测试得重新来过。更糟的是，我马上就要开会报告项目结果了，已经没有时间和老板聊了。

“到了我做报告的时候，我怕得发抖。我只能尽量使自己不要失态，我下定决心绝对不哭，不然那些男人会说三道四，说女人太情绪化根本做不好管理工作。我简短地讲完了报告，补充说：因为出了一个错，我想在下次开会前重做一下研究。我坐下来，等着老板发火。

“奇怪的是，他为我的工作感谢我，说一个人在一个新项目上犯错并非少见，他相信再做的调研会很精确，对公司更有意义。他向我保证，在所有同事面前，他相信我已经尽力，这次失败的原因，只是缺乏经验，而不是能力不足。

“散会后，我抬起头，决心再也不让我的老板失望了。”

即使我们是完全对的，对方是完全错的，如果让他丢了脸，我们就只是挫伤了他的自我。法国传奇飞行员兼作家安托万·德·圣·埃克苏佩里[1]写道：“我无权说或做任何事情，降低一个人在自己眼里的地位。我觉得他怎么样并不重要，他觉得自己怎么样才是重要的。伤害一个人的尊严是犯罪行为。”

一个真正的领袖总能做到这条。

原则五

让对方保全颜面。

[1]《小王子》的作者。

27 水涨船高：激励下属成事儿

彼得·巴洛是我的老朋友了，他有一队狗和小马，一辈子都随马戏团到处演出。我喜欢看他训练新狗表演。我注意到，每当它有任何细小的进步，彼得都会拍拍它，称赞它，给它肉，为这件事折腾半天。

那不是什么新鲜事，驯兽师几世纪来都用这一招。我很好奇，如果用训练动物的方式来改变他人，会不会同样取得这种常识一样的结果呢？我们为什么不用肉替代鞭子呢？我们为什么不用夸赞代替责备呢？只有一件事能激励对方持续成长，那就是夸赞最小的进步。

心理学家杰斯·莱尔在《我不是特别好，但已足够好》中写道："赞扬就像阳光，可以温暖人的精神，没有它，我们就无法开花成长。但大部分人都急于对别人施加批评的寒风，我们总是拒绝给我们周围的人暖阳般的夸赞。"

回顾一下自己的生活，我可以发现好几次，几句赞扬的话彻底改变了我的整个未来。难道你没有过类似的经历吗？称赞完全就像巫术，历史上充满了惊人的例子。比如，很多年前，有个10岁的小男孩在那不勒斯一家工厂做工。他将来想做歌唱家，但他的第一个老师迎头就给了他一记闷棍。“你唱不了，”他说，“你是破喉咙，听起来就像拉风箱。”

但他母亲，一个穷农妇，搂着他夸他，说她知道自己的儿子会唱，她一直在见证他不断地进步。母亲甚至把鞋钱省下来，光脚去工作，为了给儿子付音乐课的学费。农妇母亲的赞扬和鼓励，改变了儿子的一生。这个孩子的名字叫恩里科·卡鲁索，后来成了他那一代最伟大、最著名的男高音。

19世纪上半叶，伦敦有个年轻人想成为一个作家，然而一切都事与愿违，他好像处处碰壁。他上过不到4年的学，他父亲因为还不起债被投进了监狱，而这个年轻人饱尝饥饿之苦。最后他找到一份工作，在一间老鼠满地跑的仓库里，在墨水瓶上贴商标，晚上则跟另外两个来自伦敦贫民窟的小孩挤在一间漆黑的阁间里。他对自己的写作能力缺乏信心，所以只能趁着黑夜溜出去把稿子投进邮筒，生怕别人笑话他。一个又一个的故事被拒绝了。伟大的一天终于来了，他的一个故事被采用了。其实，他没收到一先令稿费，但编辑称赞了他，编辑认可了他。他太高兴了，流着泪，在大街上漫无目的地转。有一篇稿子付梓了，他得到的称赞和认可，改变了他的一生。如果没有这次鼓励，他可能还在一个老鼠满地跑的工厂里工作。你可能听说过这个小孩子的名字，他叫查尔斯·狄更斯。

另一个伦敦小子在一个干果店工作糊口，他每天早上5点钟起床打扫铺子，每天劳动14个小时。太苦了，他讨厌这份工作。这样过了两年，他实在忍不下去了，于是在一天早上没等吃早饭，就走了15英里去找他那做管家的母亲。他疯了一样哀求母亲，发誓说再在店里待下去，他会自杀的。然后他给自己的老校长写了一封悲伤的长信，说自己心都碎了，不想再活下去了。老校长夸了他几句，说他真的很聪明，更适合做一份更好的工作，然后请他去做老师。

那份称赞改变了年轻人的未来，给英国文学史烙下了无法磨灭的印记，因为他后来写了无数作品，用自己的笔赚了一百多万。你或许知道他，他叫H. G. 威尔斯[1]。

称赞值得称赞的地方，而不是批评可以批评的地方，是B. F. 斯金纳的学说的基本理念。这个当代最著名的心理学家的动物实验和人类实验都证明，尽量减少对缺点的关注，强调可称赞的部

[1] 代表作《时间机器》。

分，人们身上的优点就会增强，而缺点则会因为缺乏关注而萎缩。

约翰·林格尔斯波，北卡罗来纳州落基山城人，使用它教育孩子。就像别家一样，这家的父母好像只有一种方式和孩子交流，那就是吼。而很多次，孩子变得更加糟糕了，而不是每次变得更好，父母也是这样。这个问题仿佛根本看不到结果。

林格尔斯波先生决定使用从我们班上学到的原则，他说："我们决定换个策略，不再唠叨他们的缺点，而是试着表扬他们的优点。但我看到他们浑身都是毛病，真的很难，真的很难找到可以表扬的地方。后来我们成功地找到了一个值得夸的地方，结果一两天后，他们那些让人真烦的行为就不再发生了。然后，他们其他的缺点也开始消失。他们开始珍惜我们给他们的赞扬。他们甚至开始主动做对事。我和孩子他妈都不敢相信。当然，这不可能永远持续下去，但平均下来，他们达到的标准比以前要强多了。现在根本没必要像以前那样大喊大叫了。孩子们做对的地方远胜于不对的地方。"

这招在工作中也很适用。基斯·罗波，加州伍德兰希尔斯人，在他公司的一件事中用了这个原则。他的印刷车间送来了一份质量尤其高的印刷材料。做这件事的印刷工是个新人，很难融入环境，适应工作。车间的总监很怕他翘尾巴，正在严肃考虑是否终止他的工作。当罗波先生知道了情况，就亲自去印刷车间找那个年轻人聊了聊。罗波先生对他说，公司对那份材料非常满意，说有段时间没见过厂子里生产出这么好的产品了。他精确地指出，它好在哪儿，以及这个年轻人对公司做了多么重要的贡献。

你觉得这会影响那个年轻人对公司的态度吗？几天内就出现了逆转。年轻人对几个同事说了这次谈话，还说厂子里有人真正懂得欣赏好活儿。从那天起，他一直是个忠诚、全力以赴的工人。

罗波先生可没有讨好年轻的印刷工说“你很棒”。他专门指出了他的活儿到底哪里出众。因为他挑出了一个特定的优点，而不是泛泛地夸，这对被表扬的人来说才有真正的意义。

每个人都喜欢称赞，但表扬必须具体，否则就特别假，成了说好话哄骗人。记住，我们都渴望赞美和认可，会不惜一切去争取。但没有人喜欢虚假，所有人都讨厌奉承。

我再说一遍，这本书里写的原则，只有出自内心，才能起到作用。我不是在兜售一堆诡计，而是在谈一种新的活法。

说到怎么改变人，如果你我愿意启发所接触到的人，让他们意识到自己拥有的宝藏，我们就远不是在改变人了，我们其实是在重塑人。夸张？那么听听美国历史上最伟大的心理学家兼哲学家威廉·詹姆斯的圣训吧：“与我们所能成就的事情相比，我们只算半醒着，我们只利用了身心资源的一小部分。说白了，每个人的生活都被限制住了，他还有很多能量，被习惯性地弃用了。”

是的，阅读这几句话的你，拥有各种被你习惯性地弃用了的潜能。而你没有充分发挥的一大潜能，也许就是这种神奇的能力，称赞别人、激励别人，这是让别人意识到自己的潜能的能力。要成为高产能的领袖，你需要应用它。

原则六

称赞最细小的进步，称赞每一个进步。不要吝啬你的嘉许和赞扬，要真诚。

28 你的期望永远不会落空

当一个优秀员工变得邋遢行事，你会怎么做？你可以开除他，但这实在不怎么高明，于事无补。你可以指责他，但这常使他怀恨在心。亨利·亨克，印第安纳州洛厄尔人，是一个大卡车经销商的服务部经理，某个机工的工作越来越让他失望了。亨克先生没有吼也没有威胁，而是把这个机工叫进办公室，和他推心置腹地聊天。

"比尔，"他说，"你是个优秀的机工，你干这行好多年了，修过的车无数次让顾客满意。实际上，我们收到过无数表扬，夸你的活儿好。但是最近，你干活越来越慢，这可不是你之前的水平。因为你一直是个非常优秀的机工，我觉得你肯定想知道，我对眼下的情况不是很开心，可能我们一起可以找到解决这个问题的方法。"

比尔回答说，自己没意识到自己的工作水平下降了。他向亨克先生保证，不会降低自己的专业水准，以后会改进的。他做到了吗？肯定做到了。他又变成了一个高效、高超的机工。亨克先生宣示了他不能辜负的名声，除了和过去做得一样好，他还能怎么样呢？

“一般人，”鲍德温铁路机车厂前总裁塞缪尔·华克伦说，“都会乐意服你，只要你尊重他，并传达出你尊重他的那方面能力。”也就是说，如果你想改善一个人的某个方面，就要表现得仿佛那方面的特点已经是他的优点了。莎士比亚说：“如果你没有某种品德，就假设你已经有了。”你也可以假定对方已经拥有了你想要激活的美德，并公开宣布，让他不要辜负自己的美名，他就会竭尽全力，不愿使你的愿望落空。

乔治蒂·勒布朗在《纪念我和梅特林克的生活》中记录了一个粗俗的比利时女佣的惊人转变。“附近酒店里有个女佣每天给我送饭，”她写道，“她叫洗碗的玛丽，因为从刚来的时候起她就是厨房里的助手。她长得歪瓜裂枣，一对斗鸡眼，两条罗圈腿，瘦得厉害，天天迷迷瞪瞪的。有一天，她的红手端来我订的意大利面，我直接对她说：‘玛丽，你不知道你有内在的宝藏。’她习惯了约束自己的情感，所以怔了一下，不敢做任何表示，生怕会招来什么灾难。她把盘子放在桌子上，叹了口气，真诚地说：‘太太，我不太敢相信啊。’她没有怀疑，也没有问什么，只是回到厨房，不断重复我的话，来坚定自己的信念。我没有调笑她。从那天起，她甚至担当了更重要的工作。不过最奇异的变化发生在粗俗玛丽的内在。她相信自己内藏无形的宝藏，于是开始好好打扮自己的脸和身体，结果她枯萎了的青春渐渐盛开，虽然她长得并不怎么美，但洋溢着的青春气息可做补偿。两个月后，她说自己要跟大厨的侄子结婚了。‘我要去做人家的太太了。’她说，并感谢了我。一句小小的话改变了她的一生。”乔治蒂·勒布朗给了洗碗的玛丽一个美好的评价，让她不要辜负，这个美名重塑了她。

比尔·帕克，佛罗里达州德通海滩市人，是一家食品公司在当地的销售代理。当公司研发了一套新产品时，他非常兴奋，但一个大型私人食品市场的经理拒绝进货，他感到很失望。比尔将这个拒绝思考了一整天，决定先不回家，而是返回市场，晚上再试试。

“杰克，”他说，“今天早上走后，我意识到还没跟你说完我们的整个新产品，如果能占用你的时间说完我漏下的地方，我将不胜感激。我很尊敬一个事实，你一直都很愿意听不同的意见，足够有器量改主意，只要事实足够让你改变。”如果没有一个无法辜负的美名，杰克能给他另一场听证会吗？

一天早上，爱尔兰都柏林的牙医马丁·菲茨休医生震惊地听一个病人对他指出：她漱口用的金属杯托儿不是很干净。她当然得用诊所里的纸杯漱口，而不是杯托儿，但使用不干净的设备的确显得不怎么专业。病人走后，菲茨休医生来到自己的个人办公室，给每周来打扫两次的女清洁工布丽姬特写了封信。他写道：

亲爱的布丽姬特：

我很少能见到你[1]，所以没机会为你一直以来做得很好的清洁工作表示谢意。顺便说一下，我觉得值得一提的是，一周两次每次两个小时的时间着实太短了，所以如果你觉得有必要偶尔清理一下杯托儿之类的，可以跟我说一下，每次再多加半个小时。自然，我会为多增加的时间付账的。

“第二天，当我走进办公室，”菲茨休医生说，“我的桌子擦得就跟镜子似的，还有我几乎天天离不开的椅子。当我走进诊疗室，发现架子上摆着自己这辈子见过的最闪闪发光的干净镀铬杯托儿。我给了清洁女工一个无法抗拒的美名，因为这个小小的动作，她表现得前所未有地好。她多花了多长时间？对了，没增加工时。”

老话说得好：“欲加之罪，何患无辞。”那么给他一个美名，看到底会发生什么！

鲁斯·霍普金斯夫人，纽约布鲁克林区的四年级老师，开学第一天拿到自己班的花名册时，开学的兴奋被焦虑不安困扰着。

[1] 清洁工，一般都是invisible（不可见的）。为什么呢？别人在办公的时候，就不能拖着吸尘器走来走去，所以医生才说很少见到她。

今年汤米 · T. 安排在了她们班。汤米三年级的老师一直和同事抱怨他——头号不听话的学生。他可不仅仅是淘气，他严重违反班纪，和男孩打架，嘲笑女孩，一般老师都没有处理这种学生的经验。而且他好像越大越糟了。他唯一的优点是学得快，能轻松掌握学业。霍普斯金夫人打算立即直面问题学生汤米。当她第一次见到全班同学时，把每个人都夸了两句："罗斯，你穿的衣服真漂亮。""艾丽西娅，我听说你画画特别棒。"当说到汤米时，她看着他的眼睛说："汤米，我知道你是个天生的领袖。我打算依靠你，帮助我把这个班变成今年四年级中最好的班。"开学前几天，她就反复加强这句话，她夸汤米所做的任何事情，并评论说那件事是怎么说明他是个好学生的。

有了一个无法抗拒、无法辜负的美名，甚至一个9岁的小孩都无法让她失望，而且他做到了。

领袖是一个很难扮演的角色，因为你需要去改变别人的态度和行为，如果要做一个优秀的领袖，就要使用它。

原则七

给人一个无法抗拒、无法辜负的好评。

29 让人乐意照你说的去改

我有个朋友40岁了才订婚，未婚妻劝他学跳舞，但好像有点儿太迟了。“上帝知道我早该好好学的，”他坦白对我说这件事，“现在跳起来，还是像20年前初学时一样笨。我请的第一个老师说的也许是实话，她说我的舞步完全不对，必须完全从头再学。我很灰心，无心继续，所以把她辞了。

“第二个老师也许是在瞎说，但我听了很高兴。她平静地说：我的舞步可能有点儿老套了，但基本步子是对的。她还向我保证说：我学几种新舞步并不难。

“第一个老师重点强调我的错误，挫败了我的热情；第二个则恰好相反，她看到我做对的地方就不断地称赞，尽量忽略我做错的地方。‘你有一种天生的韵律感，’她向我保证，‘真的生来就是跳舞的料。’理智告诉我：自己一直是个不入流的舞者，将来也一定是。但在内心深处，我却愿意相信她说的话是真的。是的，我花了钱她才这么说，但那又何妨呢？

“无论如何，我知道我现在跳得不错，最起码比她不说‘你有一种天生的韵律感’要强多了。那鼓励了我，给了我希望，使我很想进步。”

对你的孩子、配偶或同事说，他干某件事时或傻或笨，没天分，做得完全不对，那你就几乎毁灭了他所有想要进取的动力。但使用相反的技术，不吝啬自己的鼓励，使事情看起来很容易做到，让对方知道你对他的能力有信心，他还有尚待开发的天分，那他就会拼到深夜，争取胜利。

这是洛威尔·托马斯使用的技术，他是人际关系学中的超凡艺术家。他会给你信心，使你产生勇气和信念。比如一次我和托马斯夫妇过周末，周六晚上，他们请我坐在火炉边一起打桥牌，不玩钱的。桥牌？啊，不不不。我玩不了，我对桥牌一窍不通，它对我来说就像一个未解之谜。不，不，不可能！

“怎么了，戴尔？根本就没什么。”洛威尔回答我说，“玩桥牌只要记性好、判断准就行了。你写过记忆方面的论文，你学桥牌小菜一碟，这才应该是你的菜啊。”哎呀，我还不知道自己在做什么，就发现自己这辈子第一次坐在桥牌桌边了，只是因为托马斯说我有玩桥牌的天分，让我感觉它并不难。

说到桥牌，我想到了伊利·卡伯特森，他有关桥牌方面的专著被译成了12种语言，销售不下一百万册。但他对我说，如果不是一个女孩告诉他，他绝对有玩桥牌的天分，他肯定不会在桥牌界超然物外的。他是1922年来的美国，打算找个教哲学或社会学的职业，无果。后来他推销煤，又失败了。他玩过桥牌，但当时从未想过将来还能教别人玩。他不但自己玩不好，还很笨。他总是在玩完后反复研究，问很多问题，结果没人喜欢跟他一起玩了。后来他遇到了一个漂亮的桥牌老师约瑟芬·迪伦，爱上并娶了她。迪伦注意到他总是很细致地分析自己手里的牌，于是说他打牌有潜在的天分。卡伯特森告诉我：正是这个鼓励，使得他后来成了职业玩家，仅仅因为这个鼓励。

克拉伦斯·M. 琼斯，我们俄亥俄州辛辛那提市的一个讲师，他讲的一个故事说明，鼓励可以使问题看起来更容易解决，并完全改变了他儿子的生命。

“1970年，我儿子大卫才15岁，他搬来辛辛那提和我住。他的生活一团糟，1958年在车祸中把头撞坏了，额头上有个很大的疤。1960年，他母亲和我离婚了，他跟他妈搬去了得州的达拉斯。他15岁以前基本上都在特殊班上课——达拉斯教育系统给那些学得比较慢的学生专设了课程。可能因为那个疤，教育官员认定他大脑损伤，不能跟上正常的教育进度。他比同龄学生落后两个学年，所以当时是七年级。他不懂乘法表，只能数手指头算加法，还有阅读障碍，几乎无法阅读。

“但他有一个长处。他喜欢摆弄无线电和电视机。他想成为一个电视机械师。我为此鼓励他，只是他需要数学才能接受这方面的训练。我决定帮他学好数学。我们买了四套抽认卡片：乘法、除法、加法、减法。我们用这套卡片练习。大卫答错的题卡就重新插回手中的牌里，答对的则放在一边，直到手里没牌了拉倒。他每答对一题，我都小题大做，尤其是他之前做错的题。每晚我们都做完整套卡牌。每晚练习时，我们还用秒表计时。我答应他：只要8分钟内答对所有题，没有一题答错，当晚我们就休息。这对大卫来说，似乎是个不可能完成的任务。第一晚用了52分钟，第二晚48，然后是45、44、41，最后到了40分钟以下。我们为每次的减少而庆祝。我会打电话叫前妻来，我们会拥抱他，还会手舞足蹈一会儿。到了月末，他8分钟内就能轻松答对所有题了。当他进步一点点，他就会想要重复做。他有了一个极其喜人的发现，原来学习既简单又有趣。

“自然，他的代数成绩陡涨。一学会乘法，代数就变得惊人地简单了。他数学得了B，成绩单拿回家后，他自己还在吃惊中。破天荒头一次。其他的改变接踵而至，快得让人难以置信。他的阅读能力迅速提高，并开始使用天赋的绘画能力。后半学年，他的科学老师给他布置了一项作业——搞一个演示。他决定制作一套高度复杂的模型来说明杠杆原理。这需要技术，不仅仅是绘图技术，还有动手能力，还要应用数学。这个实验装置在学校的科学展览会上赢得了头奖，还参加了市赛，在整个辛辛那提市得了三等奖。

“事情就是如此。这个孩子，留了两级，被医生诊断为‘脑损伤’，被同学叫成‘怪物’，说他的脑浆肯定从伤口流出来过；而他突然发现自己可以学习，真的可以有所成就。结果呢？从八年级期末考试直到中学毕业，他从未下过优秀名单。他在高中还被选进美国国家高中荣誉生会。他一发现学习很简单，整个生活就变了。”

如果你想帮助别人成长，记住这条。

原则八

学会鼓励人，鼓励会使改变看起来很容易。

30 让人乐意照你说的去做

1915年震惊了美国。一年多里，欧洲各国互相残杀，规模之大在人类战争史上都难以想象。和平能实现吗？谁也不知道，但伍德罗·威尔逊总统决心试一试，他要派一个和平大使去和欧洲的大军阀们聊聊，只代表个人。

国务卿威廉·詹宁斯·布莱恩是个和平倡导者，他想去。他看到一个绝佳的机会，可以为人类做出极大的贡献，名垂后世。但威尔逊总统派了另一个人去，自己的密友兼顾问爱德华·M. 豪斯上校。豪斯上校要把这件不高兴的事告诉布莱恩，可能很难做到不惹到他。

“当他听说是我去欧洲做和平大使时，布莱恩显然很失望。”豪斯上校在日记中记着，“他说本来自己打算去的……

“我回答说：总统认为任何人以官方名义去都不太合适。而如果布莱恩去，会引起广泛的注意，人们会猜美国政府怎么会派国务卿来……”

看到这句话传达的意思了吗？豪斯上校实际上是在告诉布莱恩：你太重要所以不适合干这活儿。布莱恩很满意。久经人事所以机敏的豪斯上校遵循了人际关系中一条重要的原则：总要使人乐意接受你要做的事。

伍德罗·威尔逊也遵循了这条，当他请威廉·吉布斯·麦卡杜进入他的内阁时。进入总统内阁，是他能赋予任何人的最高荣誉了，但威尔逊发邀请的方式，让别人觉得自己加倍地重要。麦卡杜亲笔写道：“他（威尔逊）说自己正组织内阁，说如果我答应出任财政部长之职，他将非常高兴。他说话总让人开心，他给我的感觉是：如果我接受了这个荣誉，就像帮了他一个大忙似的。”

但不幸的是，威尔逊并没有一直用这招，不然历史就跟现在不一样了。比如美国要加入国联时，并没有让参议员和共和党开心。威尔逊拒绝带伊莱休·鲁特、查尔斯·埃文斯·休斯、亨利·卡伯特·洛奇等共和党大领袖去参加和平会议，而是带了自己民主党内的两个小人物。他冷落了共和党，使对手党觉得（威尔逊认为）：国联是我威尔逊自己的主意而不是你们的，你们不得染指。威尔逊粗暴地处理人际关系，结果摧毁了自己的事业，损害了自己的健康、缩短了他的寿命，美国最终没能加入国联，世界历史改变了。

使用“让对方乐于做你要他们做的事”的方法的，不仅仅是政治家和外交家。戴尔 · O. 费里尔，印第安纳州韦恩堡人，讲了自己鼓励自家孩子主动去做他那份家务的事。“杰夫的一项家务，是捡起从树上掉下来的梨，这样，修剪草坪的时候就不必再捡了。他不喜欢这活儿，常常不好好干，所以剪草的人总得停下来捡他落下的梨。要么他就干脆不干。我没有跟他剑拔弩张，没有直接质问他，而是挑了一天对他说：‘杰夫，我跟你立一个约定。你每捡满一篮子梨，我就给你一美元。但你完成后，如果我发现落下一个，我就拿走那一美元。听起来怎么样？’你能猜到的。他捡得干干净净，而且，我还得看好他，不要从树上摘梨填满他的篮子。”

我的一个朋友需要拒绝很多请他去做演说的请柬，都是朋友请的，或者他欠人情的人。但他拒绝得很有技术，最起码不会惹到对方。他是怎么做的呢？他没说自己多么多么忙，自己真的在忙这个忙那个。不是的，他先说感谢邀请，然后说很难过无法接受邀请，他建议对方找别人代替自己。换句话说，他不给对方任何时间为拒绝感到不悦，而是让对方的关注点立刻转向另一个能接受邀请的演说家。

甘特 · 施密特在西德上我们的课时，讲了他管理的食品店的一个雇员的故事。她总是很粗心，常弄错货架上贴的商品价签。

顾客就会迷惑，所以常有投诉。提醒、指责、质问她，都没什么结果。最后，施密特先生把她叫进办公室，委任她为全店的贴价签总监，她要为所有货架上的价签贴对负责。这个新职责和名号完全改变了她的态度，她从此完美地履行了自己的职责。

幼稚？大概吧。但有人也说过拿破仑幼稚。他创建自己的荣誉军团时，给15000名士兵都发了十字勋章，把他的18个得力干将封为“法国元帅”，称他们为“天军”。人们笑他孩子气，说这不是玩过家家吗？拿玩具给出生入死的战士，有什么用？拿破仑回答说：“是的，有时候人就是被玩具统治的。”

这种赠予头衔或权威感的技术，拿破仑能用，你我也可以用。比如我的朋友，纽约斯卡斯代尔镇的欧内斯特·珍特夫人，很烦恼，很多男孩踩她家的草坪，都给踩坏了。她试过批评、吓唬，不管用。然后她在这伙坏小子里挑出一个，给了他一个头衔，或一种权威感。她让他做自己的侦探，让他负责驱赶所有踩她草坪的孩子。办法奏效了。密探小子在后院点了一堆火，把一条铁棍烧得通红，吓唬别人说：谁再踩就烫谁。

一个高产能的领袖，在改变别人的态度和行为时，应该牢记以下原则：

1. 要真诚。做不到的承诺，不要承诺。忘记对自己的好处，关注对方的利益。

2. 精确地知道你想让对方做什么。

3. 要共情。问自己：对方想要的到底是什么？

4. 想想如果按照你说的做，对方会得到什么。

5. 把这么做所能带来的好处，和对方的需要进行匹配。

6. 发出要求时，要更改方式，要传达给对方一个观念：对方本人将是受益者。我们不能这么粗鲁地下令："约翰，明天有客户来，我需要一个整洁的仓库。所以，去打扫干净，把货架上的货物摆放整齐，把货柜擦亮。"我们可以换一个方式来说同一件事，告诉约翰完成这个任务对他会有什么好处："约翰，我们有件事得马上做好。现在就做，回头就不用手忙脚乱了。我明天会带几个客户来看我们的设施。我想带他们去看看仓库，但现在乱糟糟的。如果你愿意清理一下，把货架上的货物摆放整齐，把货柜擦一擦，我们就会显得更干练，你就给公司形象贡献了自己的那份力量。"

约翰会不会照你说的去做呢？可能不会特别高兴，但比起不指出对他的好处来，可能要更高兴一些。而如果你知道约翰对自己打理的仓库的面貌有自豪感，他的执行力就更强了。你还得着重向约翰指出，活儿早晚都得干，现在干回头就不必慌张了。

期望用了这些方法后，就一定总能得到对方的积极反馈，那是天真可笑的，但大部分人的经验说明，使用这些原则比起弃用它们来，更能改变对方的态度，而即使只增加了10%的成功概率，你作为领袖的产能已经提高了10%，这就是好处。

使用这条，人们会更乐意照你吩咐的去做。这就是人性。

原则九

使人们乐意去做你要他们做的事。

答疑

这本书到底有多大作用、如何看到效果等

Q 有人说，卡耐基是个骗子，他是否有资格讲成功这个话题？

无疑，《人性的弱点》提出了一套令人面红耳赤、怦然心跳的成功原则。但是，并不是所有门派的理论都能使宣讲者本人受益。比如很多培训师，自己生活很差，但讲得慷慨激昂的。那么，卡耐基是否像那些人一样，除了忽悠没什么其他生存技能？

问得好。小卡耐基是一个在密苏里州西北部放牛的牧童，12岁前没见过汽车，要去最近的铁路去看火车也要走16公里。

而从一个放牛、喂猪、种玉米的小孩，成长为美国现代继续教育之父（当然也是世界继续教育的开山鼻祖），不能不说是个奇迹。他的成长速度是惊人的，在世界范围内也算屈指可数。我们几乎每个大学里都有成教学院（成人学院或继续教育学院），很多位高权重钱多的人都到这里来进修。卡耐基影响了人类社会，他在历史上留下了永远不可磨灭的痕迹。

凭这一点，我觉得，卡耐基还是有资格讲成功学的，而且我认为，有这个资格的人并不多。

Q 当励志不再有效，凭什么让我花三天时间去读它？

我无法相信灌鸡汤的心灵美文，更无法相信打鸡血的励志书。如

果读一本书就能成功，那成功岂不只值三十块钱？那全中国不就有十几亿成功人士了？这样的书，读再多也只是浪费时间，没有任何效果。

问得好。理论转化成技巧，需要时间，技巧再变现，更需要时间。时间一久，链子就断了，最后的结果也就看不见了。所以，我也认为成功励志书，基本上没什么用。

不过你手里的这本书，不是一本讲理论的书，它只是说了30个技巧，这些技巧马上就能用，效果是立即可见的。卡耐基本人很自信地说：如果你看完前三节，还没能见到效果，那就算了，别看了。

萧伯纳说："人所学到的，从来不是谁教的。"这本书的任何效果，都不是读出来的，而是用出来的。你要把它当作实操手册来用。

它很简单，但最好不要读得太快。阅读时不妨停一停，想一下在日常生活中，在什么情况下可以用上某条技巧。当你遇到特定的问题，也可以翻开它，找到相应的技巧，用它来解决当下的问题，然后自己去见证神奇的效果。

最好还要复习一下。每天晚上，或每个周末，都回顾一下自己的应用，问自己何时何地对谁使用了哪个技巧，取得了什么样的效果，还有多少提升的余地。这样，你会发现自己的提升过程既迅速又有趣。

另外，人生其实有一个很有意思的地方，那就是滞后反应。你现在学到的东西，最佳的效果不会立刻显现出来，而是会沉淀、积累，在三年、五年之后渐渐呈现，并决定你最终能走多远。你当然可以用这些技巧来升官、发财、把妹，但最重要的是，你会遇到一个更好的自己，在冥冥之中逆天改命。

Q 你怎么知道我需要这些技巧？

一千个人有一千条成功之路，成功人士的成长故事往往都偏离常规，往往都是个案。卡耐基总结出来的这些技巧普遍适用吗？马云用吗？俞敏洪用吗？就算他们能用，我能用吗？

问得好。我也工作十几年了，曾经在事业中挣扎，经历过困难和挫折后，深感失望。用试错的方式成长，虽然稳扎稳打，但速度略显缓慢。

十几年的碰壁使我获得了几条敝帚自珍的“至理名言”，但回头看去，卡耐基好像早就都说过了，俞敏洪也说过了，马云也说过了。

只是我走慢了很久，拖得太晚了。一步慢，步步错。我多么希望，能在二十几岁的时候就读到这本书啊，那能让我少走多少弯路，提前多少年达到现在的境界啊！

现在回头细数头上的包，我发现，人能安身立命，只有15%左右靠专业知识和能力，最赚钱的那些人，根本就不怎么懂专业知识。同一行业或公司中，职位最高、收入最高的那些人，优势就在于一种能力，他们都善于改变或影响他人的思想。所有的成功都是意外的结果，而意外都来自真才实学之外。

学习卡耐基是人生进阶必不可缺的一个阶段，不这样完成，就要用盲目的试错来完成。到最后大家都要完成这个阶段，只是早晚和难易的区别。

Q 读了它我一定能成功吗？

人一生到底能走多远？一个人的终点到底会是哪种辉煌？这要靠人格，靠德行和修为。卡耐基，有术无道，也许能保证一时的成功，但最终还是竹篮打水一场空。你看哪个大官、大老板没掌握这些技巧？但他们用来干坏事儿，最后该判的判，该杀的杀，该得病的得病……有术无道，早晚得还回去。求术而不求道，非君子所为。

说得好。你欠一个人的，会有另一个人要回去。谁欠你的，会有另一个人还给你。你对某个人做的事，不管是伤害还是付出，总会有另一个人报答或者报复回来，在不同时间的节点。人生的无情与多情，伤害与温柔，总体来说，是守恒的[1]。而卡耐基懂这个。

卡耐基不是厚黑学，教你如何操纵别人，占别人便宜。卡耐基只是讲一种活法，这种活法就像能量，没有正负之分，只是有力量罢了。他有一个基本的假设，人必须遵循真诚等原则，不然最后只能作茧自缚。所以我的规劝是：不要只看每小节最后那一句话，不然很容易走火入魔。所以面对卡耐基我们不得不有一个疑问：他到底是有术无道，还是大道至简？

其次，卡耐基并不肤浅，他援引弗洛伊德、马斯洛、威廉·詹姆斯的理论，信手拈来。恐怕很多专业的心理学博士和教授也无法这样随意和洒脱吧。

第三，读了卡耐基，还真不一定成功。很难说成功只靠技巧，而不需要机会等其他因素。世界上没有百分之百的事情，但是成功之前需要培养“成功的能力”，就像升职之前必须先培养领袖的气质一样。有了能力、资格、气质，剩下的就只是机会了；而没有这种能力、这种资格、这种气质，剩下的就免谈了。

最后，也是最重要的，即使只增长了30%的成功能力，也是可喜可贺的。

---

[1] 摘自微博，原作者不可考。

Q 这30节中，有些部分貌似重叠，为什么？

因为全。精神中的分领，并不像物质世界这么明确，很多东西都略有交集。比如，“如何使大家都尊敬你”需要A技巧，“如何使大家都喜欢你”需要B素质，那么，A和B必然不同，但A和B之间必然有交集，因为尊敬和喜欢之间有交集。所以，为了全，为了囊括卡耐基认为的一切技巧，就只能略有重叠了。

Q 我不需要成功，我的生活本来就很安稳，我还需要读吗？

一般说，美国人所谓成功，不只是位高权重钱多，他们认为那只是成功的一个方面，而不是全部。在不少中国人看来，很难说一个人做了小学老师，孩子们都很喜欢她，这叫成功。但也许美国人会说这是成功的一种，她是一个“成功的小学老师”。生活的各个方面都很幸福，那就是美国人所谓的成功。

所以，如果你不需要职位、金钱方面的成功，但你想过上更幸福的生活，家庭更美满、孩子更听话、配偶更配合、同事关系更融洽、朋友的数量和质量越来越高……那你就想：我可以不是事业上的成功者，但我可以是一个“成功的爸爸”“成功的人”“成功的中学老师”……

鲍　荣